『十三五』国家重点出版物出版规划项目
云南八个人口较少民族发展丛书

跳跃的河山

李俊玲 / 著

云南出版集团 云南人民出版社

图书在版编目（CIP）数据

跳跃的河山 / 李俊玲著. -- 昆明 : 云南人民出版社，2021.6

（云南八个人口较少民族发展丛书）

ISBN 978-7-222-20252-8

Ⅰ. ①跳… Ⅱ. ①李… Ⅲ. ①报告文学—中国—当代 Ⅳ. ① I25

中国版本图书馆 CIP 数据核字（2021）第 136812 号

项目策划：苏映华
责任编辑：刘　焰
创意设计：熊·小熊
助理编辑：梁明青　李明珠
责任校对：董郎文清　张艳琼
责任印制：窦雪松

跳跃的河山

云南八个人口较少民族发展丛书

TIAOYUE DE HESHAN

跳跃的河山

李俊玲/著

出　版　云南出版集团　云南人民出版社
发　行　云南人民出版社
社　址　昆明市环城西路609号
邮　编　650034
网　址　www.ynpph.com.cn
E-mail　ynrms@sina.com
开　本　889mm×1194mm　1/32
印　张　9.625
字　数　200千
版　次　2021年6月第1版第1次印刷
印　刷　云南新华印刷二厂有限责任公司
书　号　ISBN 978-7-222-20252-8
定　价　41.00元

如需购买图书、反馈意见，请与我社联系
总编室：0871-64109126　发行部：0871-64108507　审校部：0871-64164626
印制部：0871-64191534

云南人民出版社微信公众号

目录 CONTENTS

第一章

诸神之语

布朗族源于古代的百濮。汉晋时期的史书中，关于布朗族先民濮人有多种称谓。隋唐宋时期，是濮人开始分化并形成中国境内孟高棉语族的佤族、布朗族、德昂族等民族的时期。在此时期，一部分濮人分化成“望蛮（即佤族先民），另一部分则分化成为“朴子蛮（即今布朗族、德昂族的先民）。唐代樊绰《云南志》中刻画了这样的一个肖像：“扑子蛮，勇悍矫捷，以青娑罗为通身袴。善用白箕竹，深林间射飞鼠，发无不中，部落首领谓酋为上。无食器，以芭蕉叶借之。”《滇略》卷九说：“蒲人……永昌凤溪、施甸二长官司及十五喧三十八寨皆其种也。……皆勤力，耐劳苦，事耕锄，所种荞麦、棉花、黑豆。知汉语，通贸易。”清《皇清职贡图》载：“蒲人，即蒲蛮。相传为百濮苗裔，宋以前不通中国，元泰定间，始内附……居多傍水，不畏深渊，寝无衾榻，食惟莜稗。男子青布裹头，着青蓝布衣。披毡褐，佩刀，跣足。妇青布

裹头，着花布短衣，长裙，跣足，常负米入市，供赋税。”史料对于布朗族先祖的描绘让我们从中看到了他们生活的影子。延绵不绝的大山造就了他们伟岸不屈的身姿，奔腾不息的江河给予了他们豪迈洒脱的个性，火塘点燃了他们寻找光明的眼睛，他们与滇西热土世代共生长。

他们与自然和谐共处，过着朝起暮归的农耕生活，日出月落忙碌的布朗族先民是骁勇和勤劳的，他们在大山中开垦属于自己的那份温饱，弱小如蚂蚁般，不懈地为生计奔走。滇西境内，江河纵横，大山绵延，在宏大而莫测的大自然面前，人类显得那么渺小和脆弱。所以，当面对着天时、四季与种种的未知时，布朗族心存敬畏和探究。尤其是对于生命的叩问，对于万物起源的思考：天地最初的样子是什么？祖先最初的模样是什么？草木是怎样长出来的？庄稼的种子是谁赐予的？牛羊来自何方？日出月落带来怎样的命运？四季的背后有谁在推动着前进？……这些问题似乎是人类最初时共同的问题，也是布朗族苦苦追问的所在。没有人能回答，而答案只有在日积月累的生命流程中慢慢被人们自己找到，于是形成了属于他们的神话。“任何神话都是用想象和借助想象以征服自然力，支配自然力，把自然力加以形象化。”（马克思语）神话为存在进行合理的解释，神话也让这些群体有了共同的归属感和安全感。布朗族在漫长的历史流程中，编撰了许多神话，世代用这些无字的精神书本滋养着一代代人的魂魄。布朗族的神叫“吉”，存在于万物之中；天地有“吉”、树有“吉”、

石头有“吉”，桥与路、山与河都存在着自己的“吉”，而人们对于这些神赋予了各种各样的传说，一辈辈人便将神的语言靠着自己的讲述流传下来。这些语言会深入骨髓和血液，也扎根在人们的衣食住行里。

一、石磨的传说

那些火塘边的神话就从对万物的拷问中应运而生，带着烟火味的故事，经无数遍地烘烤，变得实在而温暖，朴素得像一桌家常饭。火塘就是祭坛，祭祀那些祖先们的过往。讲故事，布朗族叫“摆古”。“古”就是那些很遥远，无须考证的往事。“摆”这个字特别有意思，用手把“古”摆出来、捧出来，含着敬意。“摆”的过程可以规整，可以无序，可以天马行空，想到哪里“摆”到哪里，不过最重要的是虔诚。对于“古”，人们怀有更多的膜拜之情。我曾一度认为，这与布朗族的祖先崇拜是密不可分的，对于祖先所传下来的一切都带有崇敬之意，哪怕是只言片语。“摆古”人的眼神深不可测，像一个黑洞，你无从辨析真与假，也无须去探究。火塘上的火苗，像巫师在夜的黑暗中舞动着身躯，把那些神话传说根植在一辈辈人的脑海里。

对于祖先的来历，每个民族都会用自己的方式来给出答案，或做出引证和纪念，比如汉族的家谱和祖祠、碑文和家族史。文

字是一个民族最强大的魂魄，有文字记载对于一个民族而言，无疑是不可匹敌的财富。而对于历史只靠口耳相传的布朗族来说，族源是无可考证的，没有记载，只有传说。似乎每个没有文字的民族总会用各种各样的故事来讲述自己的来历，像这个大地之上的树木总要追根溯源，他们不希望自己形如野草般卑微，似泡沫般无形无状、无来历。我最初听到的神话就是祖先的来历，与我诉说的是阿祖，那时的他才刚年过七旬，一辈子与山河为伴。阿祖的骨子里带着一股硬气，曾一个人带着骡马走出大山，运回布匹和盐巴，也带回许多新奇的故事。他的行走似乎注定了一种开放性的使命，让这个深埋大山的布朗族寨子从此与外界结下了一份缘。

祖先的来历得从蛮荒之时开始讲起，相传神造万物初期，天地混沌一片，大地历经了野火的焚毁、洪水的淹没。这些天灾所致的伤痛后，只有少数的人类靠着顽强的生命、超常的智慧得以生存。在大山的深处最终遗留下了一对兄妹，野火烧时他们用芭蕉叶层层裹住身体并钻到地洞里，洪水来时他们躲到一个硕大的葫芦里逃过一劫，在经历了千难万苦之后，他们在莽莽林海中活了下来。而此时，天地只剩下这两个人，如何才能把布朗族的血脉延续下去，哥哥在月圆时祈求天神，让神为兄妹俩将来的命运做一个预示。神告诉哥哥："你们各抬一盘石磨，爬到最高的山头，从山顶滚下。如果石磨滚落山脚合二为一，那就是上苍指定你们兄妹二人结为夫妇，繁衍后代；如果石磨各滚一处，那就预示着布朗族将在人世间消亡，你们就算勉强结合，也无法生育子女。”兄妹听了神的昭示，就依照而做。果然，石磨合二为一。于是，他们就结为夫妻，繁衍生息，从此布朗族的血脉才得以延续。所以，布朗族至今还延续着表兄妹通婚的习俗，有一句山歌是这样唱的：“隔山的石头配成磨，隔山的兄妹配成亲。”直至今日，这个石磨的传说，仍让布朗族觉得彼此自古都是一家人，每家每户，或多或少都可以攀到亲戚。所以，布朗族以“埃乌”自称，意思为本地守土之人；也叫本家，原本一家。“本族”这个族称在族别一栏一直填到20世纪80年代，因其语言属南亚语系孟高棉语族佤崩龙语支，而被划归为布朗族。本族，这个称呼在一定程度上说明了布朗族自我认同是这块土地之上的原住民，也有天下人本是一家之意。这个称呼带着一种凝聚力，有利于血脉和亲情的凝聚。或许，这样的传说是布朗族祖先为了民族的不断繁衍，为了增进彼此信赖与团结而采取的一种方式，本来就弱小的民族，不能再分离和互相有嫌隙。在这大山中生活不易，只有相互扶持才可血脉相传，不断壮大，而血亲便是凝聚的原动力。于是，便有了这样兄妹相亲繁衍后代的传说。然而，祖先们怎么也没有想到，这样的传说也会直接影响到布朗族的婚恋观。解放之前，很少有布朗族与外族通婚，表兄妹结婚的人家比比皆是，亲上加亲导致了许多家庭的悲剧。

当年，身为汉族的母亲和父亲自由恋爱，遭到两个家庭的激烈反对，因为父亲的家族早已为他选好了一个表姐作为结婚对象。

在当时，娶一个汉族媳妇是一件很另类的事情，而受过教育、当过兵的父亲不接受这样的安排，和阿公谈判了很久。我无从得知谈判的内容，猜想父亲大概是从社会发展与婚恋自由这方面来为自己据理力争的。最后，阿公妥协的原因竟然源于母亲做的一件小事情。为了让父亲的家庭接受自己，倔强的母亲不顾家人反对，跋山涉水来到父亲大山深处的家里，走了几十公里山路的她进门喝了一口水便去厨房做饭了。等阿公他们从地里干活回来，看到的是一桌丰盛的晚餐，而这桌菜的食材采摘于自家田地，洋芋、苦菜、竹笋、小瓜，这些平常菜让母亲做得有滋有味。阿公觉得这个来自坝区的汉族女子是那么的亲和与勤快，竟然没有对山里的少数民族表现出丝毫的嫌弃。母亲就凭着一顿饭为自己赢得了毕生的幸福。父亲先前无数的说服，竟然比不上母亲亲手做的一顿饭。阿公打破传统，同意了父亲和母亲的婚事，这在 20 世纪 60 年代的布朗族山区实属少见。父亲的举动被人羡慕，也被人诟病。对于大家复杂的情绪表达，阿公未置一言，从不提及，更不解释。

多年后，我因好奇和阿公提起此事，问为何母亲做了一顿饭你就答应他们的婚事了。阿公笑了，说：“你母亲大老远来，不歇一会儿就给我们做饭，她这个人心里装的只有别人；做饭只拿自家地里的蔬菜，屋檐上挂的熏肉半点没有动，她是节省惯了，也可怜我们山里人缺少肉食。她能把一般的小菜都做得那么好吃，一看就知道是一个会做饭、勤俭持家的人。讨这样的儿媳妇，是

白云下的群山世居着生生不息的人群

我们李家的福。以前老辈子人为了不许布朗族和汉族通婚，都说汉人刁钻、难处，我倒觉得你母亲很随和，人直道、勤劳，不耍心思。”一席话，让我对阿公的眼力和心境深深佩服，他是睿智的，也是开明的，难怪阿公是布朗族寨子里受人敬仰的长者。

在我的家族里，老一辈除了父亲和叔公是与汉族女子通婚外，再无其他。叔公现在已 88 岁高龄，他是布朗山走出去的第一个国家干部，如今定居芒市。他的婚姻比起父亲来要顺畅得多，在外地工作，族别往往只是一个符号而已。他和叔太结婚了才告知家里，木已成舟，家里人只有接受。如今，不与外族通婚的问题已

被尘封在历史的典籍里，而近亲结婚却依然暗藏在人们的思想意识里，像大树的根须，扎得太深，无法轻易拔去。

我老叔的女儿就嫁给了我小姑妈的儿子，我不敢想象在我们这辈人身上还发生着这样愚昧的、不可理喻的事情。20 年前，为了这场婚事，我父亲和母亲特意跑回老家做工作，举例说了很多近亲结婚所造成的恶果和家庭悲剧，希望家人摒弃旧传统，不要让自己的后代遭受人为的苦难。然而，这些苦口婆心的话没有起到任何作用，叔叔和小姑妈都异口同声地说："我们布朗族老辈子都这样行。"劝解无效，堂妹和表弟最终还是结婚了，可怕的后果接踵而至，第一胎无故死亡，第二胎严重残疾。如今，表侄女已经 18 岁了，和我女儿一般大，身高才 1.2 米左右，脊背弯曲，驼得像山。严重的残疾让她承受着沉重的病痛和心理负担，每次看到她，我都心里凄然。而老叔和小姑妈也为此背负了余生不敢言说的痛苦和愧疚。这些愧疚是无法排解的，孩子坎坷的一生在他们的眼里化为无尽的忧虑，这是他们一手造成的苦果，无法下咽，卡住咽喉，濒临窒息。

对于祖先所留下来的那些暗流般的传统，竟然是那么的可怕，它深深桎梏着人们的思想，有的竟让人愚昧和固执得无法言喻。祖辈们的初衷一定是为了族种的发展，在那个时代，科学是遥远的星辰，令人无法触及。他们也许永远也不知道，那些浸入血脉的传统习俗会给后代带来什么样的悲惨厄运。我们常常说的剔除糟粕，其实并非那么简单，尤其是剔除思想上的糟粕。这样的近

亲联姻在木老元和摆榔两个乡的布朗族村寨还有很多。随着时代的发展进步，布朗族的婚恋观有了很大的改变，老人们已无力主宰孩子的恋爱与嫁娶，近亲结婚的现象也从普遍变为稀少，这有悖科学的习俗终究会被时代所涤荡。前段时间回到老家，看到一些新鲜年轻的面孔，从肤色和言语上，我知道她们是嫁入本地的外来媳妇。她们说着汉话，穿着时髦的服装，但是不是也遵循着布朗族的习俗，不得而知。从父辈们的不与外族通婚，到现在的自由结合，布朗族像一滴水一样滴入了中华民族这条奔涌的大河中。这样的改变是势在必行的，摧枯拉朽的，你只有观望。

每次回家，看到家乡日新月异的变化，看到越来越多陌生的后辈，感觉到一种前所未有的矛盾：抛却那些陋习的同时，我们会不自觉地丢掉自己优秀的文化吗？这是一种历史进程的悖论，谁也无法给自己找到更合理的出口，只能在这不尽的时代大潮中随波逐流。

二、万物起源说

除了人类的起源，天地万物都有来龙去脉。冥冥之中该以怎样的方式呈现，该用怎样的形式生存，布朗族都赋予了自己的想象，让其行之有道并结合生活所需带着与之相关的爱憎。

相传众神开辟天地时，大地一片洪水滔天，布朗族人王看到

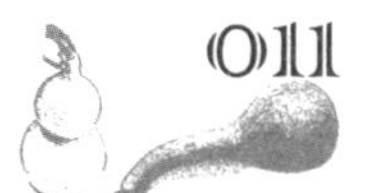

一只漂在水中的葫芦，葫芦里隐隐约约传出了人和动物的声音。人王知道，这是天地的子民被困在葫芦里了。而神指示，人王是不能擅自打开葫芦的，只有借动物之力才可以打开，葫芦一打开，洪水自会退去。人王为了让族人走出葫芦，繁衍下去，便四处寻找。他找到葫芦蜂，让葫芦蜂帮忙拯救众生。葫芦蜂说不行，它要忙着去做巢。人王说，救人是大事，筑巢是小事。葫芦蜂不屑地说："救人不关我的事，筑巢关系我繁衍后代，你还是找别人吧。"人王气愤地回应："你只顾自己，如果人出来了，我就让他们烧你的巢、吃你的儿孙，让你世代不得安宁。"

人王又去找蜜蜂，蜜蜂说："可以，但是我的寿命只有三个月，我怕自己有生之年还不能把人搭救出来，不过我会尽全力去做。"人王感激地说："好呢，你有这份心就好。如果人类出来，定会让他们供养你三个月。"人王找到麂子，麂子说，它只属于无边无际的森林，和人类无缘。人王就许下咒语："人类出来就扒你的皮、吃你的肉，见你一次，打你一次，让你在森林里四处逃窜。”人王最后找到红老鼠，红老鼠说：“别担心，我会游泳，而且有锋利的牙齿，可以搭救人类。”于是，红老鼠奋力游到葫芦旁，用了三天三夜拼尽全身力气，把葫芦咬开了。葫芦开了，随着退却的潮水，动物和人类纷纷出来，留在野外的动物就成了野兽，和人类一起出来的动物就成了家畜。从此以后，人们见到葫芦蜂就烧，见到麂子就打，蜜蜂必须养在家里；而搭救他们生命的红老鼠，只要看到就必须给它米饭吃，还得放生。布朗族至今都保留着不打红老鼠的习俗。

人们在动物身上赋予了人的品行，或善良或自私，并把与动物的相处模式看作是前世的一种缘分。结善缘者为友，善待之，结孽缘者便理所当然地进行杀戮和夺取，为自己在这片土地上生

人类起源于葫芦，它是布朗族的爱物

杀予夺找到一个合理的理由。这些故事带着人们对于万物的理解和因果之说。而对于葫芦，布朗族始终认为它是搭救自己性命的恩人。

也有这样的传说，在很久以前，布朗族先民居住在一个狭窄的坝子上，一个种着葫芦的阿大是他们的头领。一天，一只神鸦从远方传来一个可怕的消息，洪水将淹没大地，所有布朗族人都

惊慌失措，不知该逃往何处。他们用期待的眼神看着头领，阿大从院中摘下了最长的那个葫芦，对着葫芦说起了话，葫芦越长越大，形如大船。人们纷纷走进葫芦肚子里，这时洪水犹如猛兽般摧毁了庄稼和房屋，而在葫芦里的布朗族人安然无恙。为了感谢葫芦让布朗族人逃过一劫，人们都对子孙说："我们是从葫芦里走出来的，葫芦就是我们的先祖。"于是，大家都将葫芦视为珍宝，直到如今。

所以，人们喜欢种植葫芦，并将葫芦做成葫芦笙捧在手里吹奏着悠悠的曲子，人的灵性与物的神性让葫芦笙变成了勾魂摄魄的器具。葫芦笙是布朗族"打歌"时的主奏乐器，笙斗取材于当地种植的长颈葫芦。把葫芦开五孔后取空内瓤，将葫芦顶凿通用作吹嘴，再将长短不一的五个竹筒做成笙管，笙管按顺序排在笙斗上，调音后用蜂蜡封口。这样一件神奇的乐器就诞生了，它的音色纯净、优美。在打歌场所，它是统帅，如神器般让人情不自禁地围圆圈而舞，纵情歌唱；在月挂高空时，它是销魂的美酒，总能让人沉醉在无边夜色中；在雨后的黄昏，它是一首离歌，只会勾起人们无限的忧伤和离愁。

人们用芦笙来表情达意，诉说着对家园、对亲人、对万物的依恋。那首在布朗山广为流传的《芦笙调》是永远的经典，就如同汉族人说到二胡总会想起名曲《二泉映月》一般。《芦笙调》婉转凄恻，如泣如诉。歌词如下："兄弟二人出门去，去到夷方打雨水，哥在夷方老虎咬，弟弟回归哥不回。"这首歌其实讲述了葫

芦笙的来历。以前，两个同胞兄弟外出“走夷方”，到如今的耿马一带讨生活。两人历经千辛万苦来到夷方，可是哥哥被老虎吃了。弟弟带着哥哥的骨头回到家，嫂子问他为何不见哥哥，弟弟因为伤心说不出话，于是掏空葫芦每夜吹奏，将哥哥遇害的消息用芦笙之音传达给家人。芦笙悠悠传情，那个被神话了的葫芦真的会说话，家人听懂了这凄婉的诉说，潸然泪下。从此，人们最怕在夜深人静的时候听到这样哀婉的曲调，它总会让人想到生离死别的痛楚。大山的幽深带给人的是无尽的寂寞和思念，而葫芦笙就是一个巫师，可以平复这些念想。当芦笙吹响时，那些或激越或舒缓的曲调像魔咒一样，可以带来温情的安抚。

从葫芦走出，以葫芦诉苦，用葫芦取乐，将葫芦挂在腰间、捧在手中。葫芦是布朗族人的精神图腾，人们依恋着这一只只葫芦，也用这一只只葫芦奏出了绝世恋曲。

三、地名的传说

木老元是施甸县的一个布朗族乡，坐落于县城东边的大山中。言传，布朗族的祖先以前一直居住在“日老”（大寨子，现在的保山一带），元明统治者武力征服云南后，官吏们对各族人民实行“雄剥渔猎”的压迫剥削，从此打破了布朗族的平静与恬然。在统治者残酷压榨下，为求一条生路，布朗族被迫迁移到勐底坝（今施甸坝）居住。然而这块美丽富饶的土地依然不是他们的久留之

枯柯河的水永远流淌着木龙的传说

所，当地土司在划属耕地时，落后但善良的布朗族人实行了祖先最原始的结绳记事，将所划山地用草绳结记，他们认为这一根根草绳足以表示所属领地的范围，没想到一场大火之后领地却成了别人所有。草绳灰飞烟灭，取而代之的是一块块强蛮的界碑，冰冷的文字与烧不毁的石头让布朗族带着伤痛和无奈又一次迁徙，来到了偏僻的深山老林。这里没有可取的财富，自然也就没有了阴险的纷争。大山以厚实的胸膛接纳了这群颠沛流离的人，人们也用爱回馈滋养他们的大山。于是，他们用纪念与爱为这个地方取名“日哈”（意为小寨子），自称“本人”，意思是“本地守土之人”。是的，没有什么比守住自己脚下的这块土地更重要和神圣。从“日老”到“日哈”，一次次丧失家园的布朗族人懂得了坚

守，也懂得了珍惜；这是一次历史的放逐，被放逐的是布朗族人的躯体，然而根植于布朗族人灵魂深处的坚韧和善良却永远袒露给这块生生不息的大地。

木老元这个名字的来历颇为传奇。相传，布朗族先祖一度被追逐，四处流散。老祖阿央领着族人来到了勐底（施甸坝）的东山脚，路遇一个汉族装扮但会说布朗语的老人。老人告诉阿央："此处也不是你们布朗族久留之地，如果想安稳定居，必须在太阳升起之时到东山上砍那棵最早被阳光照到的松树，雕成木龙的形状，将它放到枯柯河去。木龙在哪里被卡住，你们就到哪里安家。"阿央听了，准备再问详情，老人却早已不知去向。阿央觉得这一定是神化身老者来给自己指路，于是遵照老人所言，阿央选取了松树，让族里最好的工匠将其雕成木龙并放入施甸与昌宁交界的枯柯河，木龙顺水而下，在碧霞山（施甸东边的四大山系之一）下的葫芦口卡住不动了。阿央见此情景，便与族人在碧霞山一带定居下来，从此风调雨顺、人畜兴旺。为了表达对指路神仙的感谢，布朗族人就将自己的家园叫作"木龙园"。木龙园这个名字随着时间的推移，被后人改为了"木老元"。为了纪念先祖和给布朗族人带来丰收的木龙，每年的正月初二这天，布朗族各村寨的长老们都会齐集龙井边焚香烧纸、设案祭祀，举行接木龙仪式。

祭祀那天村里要杀一头猪，大家在龙井边叩头祈祷，祭祀完毕返村时，一路上要燃放鞭炮，由主事人将事先砍好的一棵松树

抬回家中，意思是把木龙接回来了。进家后，再绕松树三圈吹奏一番，始散。晚饭后，全村男女齐集主事人家进行打歌活动。打歌前，由“当契”（主持人）将托盘上的猪头递给打歌头（打歌的领头人），歌头便手托猪头绕木龙三圈，边舞边唱“一碗稀饭两碗肉，打歌打到太阳出”。打歌到深夜，“当契”要用米花糖招待大家。拂晓前，便把猪头三牲煮给打歌人吃。接木龙结束后，村寨头人还要召集村民商议，选出来年的“当契”，着手筹备下一年接木龙的一切事宜。

随着历史之河的流淌，布朗族日益壮大，在木老元以“日哈”为中心，家族开始分支与蔓延，像一棵繁茂的大树，开枝散叶。人们不停地搬迁，顺着枯柯河南移，从哈寨到下木老元，到大中村，到楂子树、一碗水、火石地……村寨像繁星一样散落在大山的各个角落，像种子一样播撒在大地之上。人们搬迁到一个新的地方，总要为它命名，像给一个出生的婴儿一样，希望它茁壮成长。这些名字包含着这方土地的特色与历史。

我的老家“楂子树”这名的起源是祖辈从“日哈”举家迁移到大中山下时，正值大雨滂沱，黑压压的深林里猛兽出没，饥寒交迫与凶险的环境逼迫得他们无路可走。这时，一棵庞大的楂子树屹立眼前，大树根部形如敞开的胸怀，树心空阔可容纳数十人，于是就成了这群无家可归的蒲人们最佳的庇护所。人们用楂子果充饥，在这里擦亮了第一颗火种，也在此安了家、扎了根，用“楂子树”这个名字来纪念收容他们的这方土地。在解放前，楂子树只有10户布朗族人家。父亲说，10户人家便如同一个大家庭，祭祀在一起，狩猎在一起，劳作在一起。一家有食，家家平分；一家有事，家家出力。那时的阿公是山里最出色的猎手，每次获取了猎物，便让阿奶煮一大锅，让父亲端着透香的食物挨家挨户地送。哪家遇到难事，各户的家长便聚拢来，商议如何解决。大家在这大山深处，在楂子一样苦涩的岁月中，互相取暖，拧成一股有力的绳索，携老扶幼一步步前行。一寨人在龙井边分食的情景历历在目，芭蕉叶铺满龙井边的空地，阿公把祭龙的火烧猪肉一份份分好，等大家来领取。大同世界即是如此吧，不分彼此，不分厚薄与贵贱。

一碗水这个寨名的来历与地理条件有关。水对于一个地方的生存来说至关重要，所以，在大山选择新居时，人们最为关注的便是有没有水源。相传，这个地方的某处石崖下就汩汩涌出一股清水，溢满时有碗那么大，舀了又出，永不枯竭。人们便在此安家落户，并将此地命名为“一碗水”。一碗水养活了一个山寨，可想而知水的珍贵和稀缺。如今这一碗大地上涌出的水已无迹可寻，而与一碗水有关的故事却时时被后人提起。火石地这个布朗族寨子也如此，最初到这个地方的人们发现这里的石头可以打火，有火镰石的地方便注定是光明而温暖的，在此安家落户的布朗族便将此地命名为“火石地”。这个偏远的镶嵌在山沟中的寨子我曾到过，那时车路不通，当地的村民骑着摩托来接我们，陡峭的山路蜿蜒盘曲，路面凸出的石头肆无忌惮地在路中摆出各种姿态，那样不可一世。路下便是悬崖，摩托车如耍杂技般在这险峻的路上行驶。我紧紧抓着载我的布朗族小伙子，看着直立的坡、脚下的悬崖、浮动的云雾，颤声叮嘱：“慢点骑，稳着！”小伙了淡淡笑说：“阿姐，别害怕，下大雨我们也常常这样骑，习惯了。”天哪，这样的习惯也太可怕了，我紧闭双眼，任山风在我耳边掠过，听天由命的感觉涌上心头。那次的骑行感觉是在和死神玩了一把游戏，当摩托停稳后，我浑身被吓出冷汗。想到这里的村民每天以这样的方式出行，看着一脸笑意的村民，感觉他们就像火石一样顽强地在这里生存着。火石地有 20 多户布朗族人家，其中的葫芦笙制作传承人李建全家就在这里。路边的葫芦藤结满了大大小小的葫芦，一个个像孕妇的肚子一样，有着饱满的幸福。我在火石地四处游走，并问当地的老人，还有没有火镰石，老人说："有啊，只是现在谁也不去找了。"是啊，火柴、火机、电已把火镰石这种远古的生火工具彻底地送入了史册中，只余一个有关的名字而已。如果不追问，后人甚至不知道他们居住的寨子为何叫火石地。

布朗族村寨如今保留着以布朗语命名的寨子已经很少了，比如"日哈""以撒"（意思是新的地基），文雅与有深意的地名在布朗族的寨子是无法看到的，人们总会以当地的某种对于自己生产生活有所关联和帮助的物件之名来命名，简单、直白、实用，不虚头巴脑，像山里人的生活一样实实在在。

四、器物的传说

"水流三尺问源头，世间一切有缘由。"这是布朗族的一句山歌词。对于任何物件，布朗族都认为存在即合理，都有来龙去脉，并赋予了自己的思想意识与爱恨。生活环境决定了他们的吃穿用度，宽厚的大山总是给予布朗族源源不断的营养。似乎一切生产工具都来源于山林。无论是建筑材料还是生活器皿，土墙、篱笆、

蛮竹是生活用品，也是震慑鬼怪的神器

梯子、锄头、木碗、杵臼、背篓、猪槽等，还是娱乐消遣的口弦琴、葫芦笙、三弦之类的乐器，以及身上所穿的草鞋和麻衣，都带着自然的气息，就地取材，顺理成章。人们喜欢用各种各样的树来做材料，树是大山赐予人的财富。

布朗族最为亲密的朋友，除了树，就是蛮竹。蛮竹，也叫濮竹、龙竹。这物件似乎与生俱来就属于布朗族，《后汉书·南蛮西南夷列传》说哀牢地区："其竹节相去一丈，名曰濮竹。"蛮竹，"蛮"有蛮荒和边缘的意思，也有大而粗鲁之意。蛮竹是浑身都充满力量的一种竹子，高大而粗壮，挺拔，直冲云天。"蛮"即大，在布朗族人眼里乃"王"之意。蛮竹深得布朗族的喜爱，人们将蛮竹编制成箩筐、耙、扁担、簸箕、手推车、菜筒、饭包、管子、食盆……还有那些家园里的建筑物，篱笆、墙、楼板、梯子等，生活中无处不是蛮竹的影子，它被巧妙地融在布朗族人的生活里。这些都不重要，重要的是用蛮竹筒做的鼓，它是布朗族的一种神器。布朗族祭祀乐舞，即蛮筒鼓乐舞，蛮筒鼓即大竹筒鼓之意。取一节蛮竹，将一面用蛇皮包住，手掌击之，会发出音色稍显沉闷的声响。这节奏单一的声响集中到一起，似乎可以穿透云层，穿过空谷，抵达天与地的那一边。据传，蛮筒鼓原为布朗族之神器，既有驱魔辟邪的功能，亦有与先祖沟通的效用。每每祭祀活动或部族有重大之事时，就打击蛮筒鼓。

关于蛮筒鼓的由来，源于一个美丽的传说。栖居在老狼山顶的黑面阎罗施展法术，催动百余丈高的大浪，淹没了美丽的山寨。

居住在“情侣峰”深处的小白龙闻知，义愤填膺，毅然冲入洪水之中，与黑面阎罗展开了大战，结果败下阵来。于是小白龙的妻子杜鹃造了一条木龙，才战胜了黑面阎罗。人们为了纪念助战的木龙，从此便把“神花园”改称为“木龙元”。布朗族人砍来蛮竹筒，将黑面阎罗的皮剥下，做成了鼓，击之以祭木龙。木龙战死的这一天即农历正月初二，定为“祭龙节”。祭龙在很多时候是为了祈求风调雨顺、保佑平安。曾经的布朗族山寨为了祭龙，全寨出动，在龙井边杀猪宰羊、烧香念咒，吹着羊角号和大筒，纪念传说中为布朗族挺身而战的木龙。

随着时代的变迁，原先仅用于祭龙的蛮筒鼓已淡出布朗族的祭祀活动。每年的祭龙活动，除了铓、大筒（吹奏乐器）、打（唢呐）、羊角号、木铃，再无其他乐器。曾经的蛮筒鼓乐，曾经的“祭龙”“祭五谷”“祭火神”“祭塞神”“跳会”等活动，随着时代的进步已逐日凋敝。国家饮水工程的建设改变了靠天吃饭的历史。对于自然的恐惧与天时的担忧已被现代科学的力量消匿化解，曾经，那些对神寄予着厚望，与神沟通交流的神器也悄然被时光附上尘埃。一个崭新的时代摧枯拉朽地将人们的习俗改变，谁也挡不住文明的进程与步伐。蛮筒鼓在民间已不存在了，只存活在舞台上，以表演的形式重现着那些远古的历史，一次次地向祖先和山河叩礼。

有的习俗在悄然改变，而布朗族的服饰却一直留存着，包括与服饰、婚嫁相关的传说也被代代相传。新娘服装的穿戴就有其

神秘的传说。新娘装很特殊，包头需三层：里层裹住头发，中间层叠形成倒梯形状，外层被黑布套住，呈尖角形。前面与中层对齐，后面则长至腰间。衣服里面穿青布，长至膝下，外穿一袭大红色衣服，比里件稍短。红衣的袖口、领子上刺绣了亮丽的花朵。胸前除挂银链、三须等饰品外，还挂有一面镜子和一把剪子，意为除去路上的一切邪气，平安到家。新娘的外衣较长，无围腰，代表着顺畅幸福之意。新娘的尖角包头来源于一个传说，相传布朗族有个漂亮的新娘出嫁时，在送亲的途中被一只妖怪看上，于是妖怪就披着黑布出来抢人（妖怪不能见阳光）。人们特别害怕，只要谁家有女儿出嫁，都担心其被妖怪抢走，以后就无法见面了。于是出嫁前女方家人总会有生死未卜的恐惧，相互抱头痛哭，也称为“哭嫁”，这个习俗一直延续至今。有妖怪抢亲该怎么办？大家商量，也没有对付的办法。这时来了一个白胡子老人，对大家说：“妖怪最怕黑独角兽，你们可以让新娘戴尖包头、穿黑衣，这样它就以为是独角兽，肯定不敢来抢亲了。”老人说完就如烟云般消失了，人们惊呼，老天派神仙来出谋划策了。于是照做，果然布朗山再没有出现过抢亲的事情。从此，布朗族新娘的服饰就这样被保留了下来。但也有人觉得新娘穿一身黑不太好，于是在出嫁时虽穿一身红衣，可必须打一把黑伞，这伞有辟邪之效，可以保护新娘一路顺畅。

无边的密林，总会带给人莫测与恐惧之感，生活在山里的人们希望借助着某种物件赐予自己抵制恐惧的力量，比如铁器、铜

人们祭祀，一次次向祖先和山河叩礼

器与银器这些可以敲击出非凡声响的、带着冷硬气质的东西。音，立于太阳之上的声音意味着神赐予的声响，让野兽惧怕，让人有所依恃。所以，布朗族人外出时总不忘背一个唢呐或一把砍刀、一把镰刀，以至后来，一根纤细如发的针也可以。女人们胸前总挂着一个银制的针筒，筒里必装针线，除了缝补，也为了辟邪。

人们行走密林，刀是必备之物，一来可以防身，二来可以辟邪。布朗族人认为，在经过捶打锻造的器物面前，一切的邪气都可以消除。刀，就是山里人的好朋友，可以开路、砍柴、护身、狩猎。男人们总会以拥有锋利的刀具为荣，以狩猎的丰盛为傲，以行走中化险为夷的际遇为聊天的资本。每个布朗族男子都需要在密林中学会生存与获取，不然就会遭人耻笑。只有刀一样的血性，刀一样的锋利与坚硬，才可抵御那些猛兽，才可保障家庭的食物供给。几乎每户人家，柴房的墙上都挂着各式的砍刀，那些手柄被磨得透亮、锋刃上闪着冷光的刀，曾陪伴着它的主人行走于密林之中。男人们珍爱刀具，像珍爱自己的性命一样。对于刀而言，布朗族曾有过这样的故事，这里我之所以用“故事”而不是用“神话”一词，原因就在于这个故事里有一部分内容是真实存在的历史。

相传，明万历十一年（1583 年），陇川奸人岳凤勾结耿马罕虔、湾甸景宗真背叛祖国，导致缅入侵。恃象马，杀官兵，破姚关，焚施甸。滇南震撼，边疆告急。儒将邓子龙奉诏率领三千兵马日夜兼程赶到永昌（今保山）。屯兵姚关，奋勇迎敌，阵斩景宗真，智擒罕虔父子，三战三捷。在驻守姚关的七年里，邓将军与当地濮人，也就是布朗族的先祖阿三结下了深厚的友谊。作为布朗族的头人，阿三带领着本民族兄弟为邓将军修筑了五关，打了许多胜仗。邓将军在《姚关班师宿保场》中写道：“秣马班师望永城，欢呼百姓凯歌迎。姚关一战三宣复，湾耿齐收六诏宁。计缚元凶千胆落，火开象阵万夷惊。龙池净洗横磨剑，天北天南愿太平。”此诗写出了胜利之后的喜悦与战争的结果。边疆安定，离开姚关时，邓将军知道布朗族喜爱刀具，便将自己杀敌破阵的两把刀送给了头人阿三。据说这两把刀是邓将军所佩戴的雌雄刀，阿三把刀挂在寨子的最高处，以示荣耀。说来也神奇，只要有土匪和贼人来侵犯，两把刀就发出刺耳的声音以示报警。于是，人们便做好战斗准备。自从雌雄宝刀为布朗族预警后，村寨没有一次遭贼人袭击。贼人头领很奇怪，这个以前屡屡可以成功打劫的寨子，为何现在人们却能提前知道他们来犯的消息并做好防范？于是头领想了一个法子，派一个人装作生意人去寨子打探情况。打探的人回来说，原来是寨子里有两把神刀向人们预警。贼人头领于是扮作布朗族人深夜悄悄潜入寨子，偷了一把刀，正准备偷第二把刀时，神刀发出了雷一样的吼声，全寨人出动查看，可惜贼人头领早已逃窜。

自从那把雌性神刀被贼人抢去后，悬挂于寨子的雄性神刀丧失了预警的功能，布朗山寨又常常被土匪们洗劫一空。布朗族头人阿三苦恼不已，这一天，他一大早来到悬挂神刀的地方，看着远处的青山和冉冉升起的太阳，想到邓将军临别赠刀时说过的话："刀配枭雄，弓开月圆，危难出鞘，外扫蛮烟。"阿三喃喃念叨，话语刚刚落，悬挂空中的神刀出鞘落地，插入石中。阿三拔出宝刀，感觉一股力量穿透胸膛，再也不能让贼人欺负了，得拿出枭雄的样子来，于是对着山河大吼："危难出鞘，外扫蛮烟！"这八个带着血性的字久久回荡在群山中。夜里，他召集寨中的精壮汉子，商量如何对付贼寇。他们表面装作正常地劳作，私下里做着

祭祀神刀

战斗的准备。

有一天，当贼寇再犯时，阿三带领着布朗族兄弟英勇抗敌，神刀仿佛赐予了阿三无穷的力量，刀到之处，削铁如泥，打得贼寇落荒而逃，阿三用手中的长刀斩杀了贼人头领。从此以后，因布朗族的骁勇，没有人再敢侵犯布朗山，布朗族人民过上了太平的日子。这是流传在木老元的故事，表达了布朗族人对祖先的无限崇敬。如今，在施甸木老元乡哈寨村山头上建盖了一座祠堂，里面供奉着邓将军赠送的两把神刀和布朗族先祖。刀是后来打

造的，邓将军赐予阿三的雌雄宝刀早已无迹可寻。当地人说，在1953年保山县电影队到木老元乡慰问放映时，为破除迷信，一个年轻的放映员把神刀丢弃到荒野中，至今下落不明。

新建的庙宇里，两把神刀旁站立的是布朗族先祖阿三及其妻子的雕塑。对于赐予生命的祖先，对于赋予自己勇气和力量的神刀，布朗族人心存感激和怀念。那段历史像流淌在血脉里的信仰一样，已植入布朗族人的体内。每年农历八月二十日这一天早上，布朗族群众就在头人的带领下，几个寨子的男女老少聚集在一起，

穿上节日的盛装，杀猪宰羊，进行规模较大的祭祀、打歌、跳会等活动。待乐手吹响三声大筒之后，大家敲响铓、锣、鼓、钹，肃穆的声响回荡在山间。在头人的带领下，男女老幼各自带上自家的祭祀用品，到神刀山进行祭神刀活动，虔诚地跪拜。香火升腾云集于供奉神刀的屋顶，人们鱼贯而入，念念有词，除了祈祷自家安康外，还祈祷这方土地的繁荣与平安。神刀与祖先就是布朗族精神上的大一统，人们的思想朝向是一致的，除了对自身的祈求外，更多的是对天下众生美好的祷告。祭祀完毕，照例在寨子中间的空地上围圆圈而舞，人们围着供品进行打跳。跳会是祭祀舞蹈，每个人手上持有一块深蓝色或黑色的手帕，三步一叩。叩首时甩一下手帕，舞步简单有力，自然洒脱。跳会结束，便是随心的打歌。打歌便是一种狂欢和释放了。这时，人们会随着舞步把自己融入葫芦笙、三弦的节奏中，忘记疲惫与苦闷，每个人的脸上沐浴着神赐予的光芒。

人们叩头焚香，祭祀时，内心是踏实和温暖的。他们的祈求不仅仅是为了风调雨顺、五谷丰登、六畜兴旺，还带着感恩的心，缅怀保家卫国、与布朗族一起抗战的英雄邓子龙将军，感恩祖先们开疆拓土。那两把供奉在祖祠里的神刀已不仅仅是一个摆设的物件，它成了布朗族的一种精神符号，赋予了人们无穷的力量。这样的力量饱含着对族人的爱，对家国的爱，对万物的爱，只有爱，方能让大地熠熠生辉。

第二章

魂魄居所

山，土之聚也。除了土，还有坚硬的石头。在云南的大地上，山是主角，延绵不绝、重峦叠嶂、密密麻麻。人们聚居在由山围拢的小盆地，那是作为城镇所在的坝子，也散居在看不见的大山褶皱沟壑之中。只要有土的地方，便有人居住。人像植物一样，与土有着不可割舍的血脉。

大山宽厚，它的身体被人们开垦播种、住建、狩猎、行走。我的老家楂子树就在滇西怒江东岸的崇山峻岭间，很多人提到它，总会叫作大中山或者碧霞山。山脚下是奔涌的枯柯河，对面就是昌宁地界。老家真正通公路是这几年的事情。那时，都靠着人的脚力或者马帮才可与外界接触。闭塞让老家一度保留着布朗族的传统，语言、服饰、信仰、习俗、生活方式与群体性情。一种看似隔离的存在，其实纯净而恬淡。

山里人的收获与老天爷的喜怒密切相关，他们的命运连接着

大山厚实，布朗族人得以繁衍生息

天时。对于大地来说，他们只是卑微的子民。自然的宏大、幽深、莫测、多变让人心存恐惧，而如何在这漫无边际、危险四伏的山里生存，日积月累，人们形成了一种特有的生活模式。这样的模式直接影响着大家的行为，有不成文的信条成了大家认真遵循的标准，有看不见的魔绳牵引着人们的走向，成为众人灵魂的标注。这就是信仰，在人类经验领域内的万事万物，一切无不是有限的，而只具有有限价值的事物，很难作为信仰对象。信仰是为了超越，超越一切有限，唯有超越现实的无限，才能真正成为弥补人自身局限性的希望。

对于布朗族而言，天是无限的，大山是无限的，万物是无限的，只有祷告和祈求，只有虔诚地面对着脚下的地和头顶的天，他们才能安泰地接纳天地的给予。他们相信，老天会保佑敬畏天地的人。而敬畏源于信仰，布朗族人认为万物有灵，一朵花、一

片叶、一棵树、一丛草、一条河、一座桥、一块石头甚至一滴露珠都是神灵的所在，和人一样具有悲喜。只是，这样的悲喜总会左右着人的生活。山有山神、路有路神、桥有桥神、土地有土地神、树有树神、河有河神，一切皆有神主宰，你不可擅自胡来。没有人会乱砍滥伐，随意射杀野兽，擅自扩建自己的房屋。虽然在大山里，你可以当自然的王，但却无法实施王的权杖，那根权杖掌握在思想的信仰手中。山里人知道，你的吃禄有多少就只能

获取多少，采摘和狩猎都遵循着神灵的暗示，射杀怀孕的动物是大忌，三春鱼鸟就是摆在你眼前也不可猎取，出外不随便拿取人家的果木，吃饭前必须供奉先祖，在龙井周围不能大小便，夜晚不去有婴孩的人家串门，火塘边不能说低俗的笑话，清晨的第一碗井水得供奉诸神……这些胜过村规民约的琐碎规矩看似杂乱无章、混沌无序，细想，却体现着节能有度、讲求礼节、心存感恩、尊卑有序的大道理，暗藏着天地万物的规律。

祖先崇拜与万物有灵是布朗族的信仰架构，这是原始宗教最早的一种崇拜形式。布朗族崇拜那些存在于天地的神灵，是因为他们生活在近似隔离和封闭的大山，靠天吃饭的生产与自给自足的生活使得他们用一种虔诚而敬畏的态度面对莫测的万物。在大山里，自然崇拜的神灵们地位完全平等，犹如人与人之间没有贵贱。如今，在布朗族居住的地方仍保留着许多原始崇拜的祭祀。

一、山神之祭

祭祀山神是布朗族人的一件大事，所居之地就是大山，它可以庇佑你，也可以摧毁你。大山是提供给人无穷资源的福地，也是暗藏杀机的所在。在大山度日，心怀敬畏地活着是一件很重要的事情。在布朗族人眼里，山和母亲摆在同等的地位，靠山吃山，一切生活来源都得依靠这无边无际的山林。前提是你要保有一颗虔诚之心，只有这样，才会有源源不断的乳汁，供养着像种子一样撒落在各个角落的人。走进深山，它可以让你满载而归，也可以把你吞噬在茫茫林海。一般人是不会贸然进入不熟知的山地的，劳作也需要结伴而行。不见天日的密林里，杀机四伏，一切都可能发生。只有那些经验丰富的猎人和赶马人，才有资格和勇气闯南走北，在森林里完成一次次遥远的行走。而这样的行走是有前提的，必须熟知山形、日色与风云的变化，敏锐地辨析鸟兽的鸣

进入寨子的路口都有一棵山神树

叫、路道上留下的动物之迹，等等。这些经验，是靠日积月累而成的。还有一种就是祭祀与看卦。祭祀，主要是祭祀山神。看卦，这似乎是一件很玄乎的事情。至今，老叔还会这项“技能”，一般是看鸡卦，将鸡煮熟后破开阔头骨看是凶是吉，人们需要用这样古老的方式来探究神的告示，大家敛声屏气吃饭，期待着鸡卦呈祥。

山神是无形的，人们总会在寨子通往外地的路边选取一棵树龄最老的青树作为神树，让山神变得具象和有所依托。神树，布朗族称之为“塞”，“塞”枝繁叶茂，根须像大地粗壮的血管延伸十多米，紧紧扣住泥土。“塞”的主干需要几个成年人手牵手才可抱住，它是这片大地最为古老的见证者。布朗族人认为，这样的树经过几百年的风雨，是会通灵的。它的枝干可连接苍穹的仙，根须可探知地下的神，只要向它祷告，一切神灵都可知晓。所以，“塞”就是一个扎根大地的巫师。寨子里有谁要出行，都会到“塞”那里，将准备好的牛羊、香火、纸钱分别安放在树下，叩头许愿。外出狩猎的人会这样念叨：“山神保佑，路神引路，水神来帮助，树神不要挡路，大小禽兽送来，灾祸磨难离开，回来大伙不会空手。”于是，羊角号吹响了，狩猎的队伍出发了，在沉闷的号声里，男人们肃穆起程，寨子顿时沉寂下来，连狗也安静地待着，阿奶和女人们围拢孩子，把火塘烧得更旺，在等待中将日月迎来送往。

如果出行较远，便会请寨子里的“契旦”（具有和神灵沟通

之能的人，负责较大场面的祭祀活动的主持）来上付诸神。上付，是布朗族请求神灵的一种举动，表达着深深的敬畏。上，所指的是神灵的所在，高处；付，就是付与、请求。上付，可以叩首、作揖、下跪、诉说、祷告。人们用肢体与言语诚挚地向神灵表达自己的思想诉求。我曾听过阿奶为父亲出行念的一段祷告词：

天地在上，山神在上，本家出行，多方照看。

水不要挡拦，路不要卖人，豹子老虎离远些，好人好事多遇些。顺水顺风，让柱门儿（父亲的小名）出克时这样，回来还这样。

阿奶的祷告像在向自己的一个长辈诉求，似乎每个布朗族子孙都是山神的孩子，他都知晓每个孩子的姓名，长什么模样，可以在不远处微笑看着他，保佑他出行顺畅。

阿奶说，我就是得到山神的庇佑才逃过一劫的。那是野杨梅成熟的季节，我和表姐到枯柯河边的坡地上放牛，因为贪吃，爬到临近悬崖边的树上摘果子，脚下一滑便失足摔了下来，只觉得耳边是呼呼的风声。我闭上眼睛心想，这下完了，身体下坠的那刻似乎感受到死神的魔爪扯到了我的衣服，接着脑袋一片空白。等我醒来，看到的是表姐急切的面孔，我没有摔死，悬崖边一棵老树伸出的枝丫像一只大手接住了我，幸得没有粉身碎骨，只是擦破了皮。回到家，阿奶在屋里点燃香烛，烧纸钱祭奠老祖，又

跑到“塞”前虔诚而真挚地深深叩拜。每每提及此事，阿奶就作揖喃喃说：“山神保佑啊，不然你小命就没了。”每次回家，我总不忘到“塞”树下叩拜一番。感谢这片土地之上的众神，以各种方式庇佑着我们，与神同在，布朗族人的生活载满了敬畏和感恩。

布朗族祭祀山神成了一个重要的节日——出行。出行是指外出行走做事，近到在寨子周边，远到出县出省。“初一留在家，初二走亲戚，初三不去找活路，初四就得活路找。”这是布朗族的俗语，过年只能闲两天，初三就得去干活，不干活的话，到初四活路就来找你了，说明忙碌的农活催逼人。所以，每年的大年初二这天，就得为出行做一些相关的祭祀，主要就是对山神的祭拜。一大早，负责主事的人家就

出行前祭祀山神

开始忙碌了，杀猪宰鸡，张罗祭祀一事。谁家扫路（将寨子的道路清扫干净，砍去荆棘），谁家挂红（为“神树”挂上红布，祈福的意思），谁家杀猪分食，谁家抬供品。这天全寨子的男女老少都会穿上新装，汇聚到寨子边的山神树旁，年轻的男人们背着弩，拿着刀，在全寨人的瞩目下进行狩猎和骑马表演。这是一次力量与彪悍的展示，男人们需要把守护山寨的勇猛和狩猎的无畏在这次表演中做一次淋漓尽致的抒发，也需要让心仪的女人欣赏到自己威武的英姿。在一片开阔的山地设置射弩的靶子，用树叶做靶心，在几丈开外的地方，如有谁射中树叶靶心，谁就获胜。获胜者在从前会得到寨中长老赐予的一根白鹇鸟的羽毛，这根羽毛是智慧与力量的象征。得到羽毛的人会将它插在包头上，同时也会得到寨里男女老少的尊重。

父亲说，幼时能看到阿公挂弩箭的墙壁上插满了白鹇的羽毛，却一次也没见他戴过，我懂得阿公的力量深藏于心里而不在外表。祭拜时，人们聚拢而来，如朝王的蜜蜂，浩浩荡荡。主事的“契旦”杀鸡后，用鸡血洒在纸钱上，请山神为众人开路，香火四起，磕头不断。男人们带着锄头、刀子到最近的山地必须带点东西回家，或者柴草或者野味，绝对不能两手空空，否则将预示着这一年每次出行都会空手而归。大家祭拜完山神，芭蕉叶敞开在井边的空地上，牛羊肉被切割成一份份均匀地放在上面，每家依次领取。人们接过“契旦”手里的食物时，脸上闪着吉祥的光芒。这些供奉山神的食物，沾染了神的气息，食用似乎就可以得到庇佑。

一切活动结束，入夜，大家就聚拢在主事人的院子里，尽情地打歌踏跳。夜幕下，大山里，篝火的映照下，有那么一群人的狂欢是为山神而进行的。出行是对外出者的祷告和祈愿，希望外出的人们平安，并有所收获，一年的辛苦不会白费。从前的出行多是为打猎人和赶马人祷告，现在的出行则是为在外求学的孩子和打工者祈愿。

布朗族祭祀习俗“跳会”

二、新米节

在贫瘠的大山劳作，艰辛可想而知。那些陡峭而不保水分的坡地，那些悬崖峭壁上，只要有肥土的地方，都被人不遗余力地种上了庄稼。从刀耕火种的年代到如今，布朗族人对于耕种总是耗尽了毕生的劳力与心血。人们珍爱土地，珍惜粮食。灰黄的苦荞、白色的旱谷、金黄的苞谷、黑色的大豆，这些土生土长的庄稼自带光芒。因地理环境的限制，山里人的主食只有苞谷。苞谷无须挑剔、生命顽强，山里的每个土疙瘩地都是它生长的地方，只要立夏时节的一场雨，种下的苞谷便冲破土壤，开始了一生的拔节。苦荞也如此，撒下让其自然生长，不除草、不施肥，只待收获时才像野草一般一捆捆割起。这样不讲究地域、不奢求条件的庄稼，脾性和山里人有着天然的巧合。只有这些卑贱和不懈的生命，才可以在粗糙的大山上得以栽种。人们的肠胃功能也适应这样粗陋的食物，苞谷饭、荞粑粑喂养了一代代山里人。苞谷做成饭需要很多的工序，从地里收回，剥壳、剥子、晾晒、筛选，一把把放入石磨中研磨成细细的苞谷面。几乎每家都有自己的石磨，每晚，唰唰的拉磨声回响在寨子的各个角落。主妇们得为第二天全家人的口粮做准备。记得儿时，每天鸡叫头遍阿奶就起床做饭了，首道工序就是打苞谷面，将苞谷面兑水后在簸箕上抖打拨滚，大块用刀左右剁碎，再反复拨滚，直至成小如米粒状，再放入蒸笼里蒸熟，这就是苞谷饭。做一家 10 口人的苞谷饭，光是首道工序就需要一个小时的时间，饭入蒸笼，主妇已大汗淋漓。这圆润细小的苞谷颗粒有着金黄色诱人的光泽，可咽下却是另一般滋味——干硬而粗糙。第一次吃苞谷饭时觉得喉咙老是噎堵着，吃惯了松软的大米，这样的饭的确让我不舒服。幼稚的我曾问阿奶，为何不吃米饭。阿奶笑着说，山里人不喜欢吃。为此我深感困惑。为了我，阿奶每次都要煮点大米掺和着苞谷饭，零零星星的白米撒落在金黄的苞谷饭里，煞是好看。表妹告诉我，这样的饭过年才可以吃到。我从此没再要求阿奶为自己添加白米。那些白米对于山里人来说是奢侈的享用，只有挨近枯柯河稍微开阔的地带，才可以栽种些许稻谷。所以，人们对米的珍爱胜过那些随意可长的苞谷。对于谷米，布朗族人都认为在它们肆意生长的身体里是有神灵存在的，五谷大神便是那些让庄稼拔节和抽穗的神灵。于是，便有了祭祀五谷的“新米节”。

在每年春耕到来之际，布朗族总要在寨子中选出两个身强力壮且善于劳作的汉子，在准备栽种的林地走上一圈，边走边吆喝着，意在撵去那些附在林地的恶灵和鬼。在播种和除草前，人们就在地边举行祭谷魂仪式。纸钱香火，猪头三牲，一样不能少，祷告由寨子里最年长的劳作者来担任。仪式肃穆而庄严，女性是不许参

一棵老树守护一方水土，像母亲一样让人温暖与踏实

与的，因为布朗族人认为，五谷之神都是赤身裸体的，羞于见到异性。这样的传说或多或少带着男性主义的色彩。秋收时节，开镰前夕，布朗族人总会挑一天属蛇的日子，在“契旦”的带领下盛装来到挨近寨子的田地头，面向东方，用崭新的还未用过的镰刀割倒一捆稻穗，舂出新米、煮成米饭并准备好祭祀的肉和菜后到山神处祭献。接下来，收割便开始了。“契旦”手举清香，高于头顶，朝东西南北各个方向叩拜，口中喃喃念道：

谷魂，谷魂，本人来请你，
是怕外面下大雨，不让你住在岩洞里，
外面刮大风，不让你住在树缝里，
外面打炸雷，不让你被水冲了去。
谷魂，谷魂，本人来请你，
请你住进我家的仓库里，谷箩里，板柜里……

念完祷告词，请谷魂回家后，全家人还要围着粮仓走三圈，这样粮食才会源源不断，才会吃不完。

关于新米节，布朗族居住地区还流传着这样一个蛇仙送种的传说。传说，布朗族山寨很久以前是没有谷种的，谷神住在遥远的天庭。有一天，谷神下界去逛逛，飞到布朗山，布朗族的先祖阿木旺在整理粮仓，看到谷神便说：“粮仓还没有打扫好，你过一会再来。”谷神一听，以为布朗族丰衣足食，就离开了。从此，

布朗山只种苦荞和苞谷，没有谷种。怎么再去请谷神呢？布朗族的智者阿全告诉头人，可以请蛇仙去请，听说阿木旺打扫粮仓那天，谷神还飞去了蛇神住的石洞。于是，大家焚香去蛇洞前祷告，没过多久，蛇洞前长出几株稻谷，蛇仙果然把谷神请回布朗山了。大家高兴不已，从此，吃上了雪白的谷米。为了感恩，便在属蛇的那天举行祭谷魂仪式。

对于给予自己生命延续的补给，那些从土里生长的五谷一直是布朗族最珍爱的粮食。这些粮食在某些程度上甚至超出了食物的意义，它们像朋友亲人一样，不仅果腹，还带着温度和家的滋味，一茬茬的庄稼养育了一代代的布朗族人。所以，布朗族人相信，那些实实在在的五谷本身就含有神的力量，本就是舍己来普度众生的。于是，人们将五谷大神具象地化为一种装饰，包头侧面的那五色须线就是五谷的化身。人们将其戴在头上，是对五谷顶礼膜拜的一种表现，也寄寓着生活富足的美好理想。

三、祭　龙

对于靠天吃饭，生活在水源稀缺、地形陡峭的大山中的人们来说，水的珍贵可想而知。我的祖辈就生活在楂子树这样偏僻而缺水的地带，生活里总是带着像楂子一样的苦涩。他们不知泼洒了多少汗水与血水，才日渐使得这片贫瘠的土地上庄稼招展，人畜兴旺。从小就在大山生活的父亲至今落下了一个“病根”，天旱就会焦虑。他说，儿时最怕的事情就是不下雨，在火塘边听到大人的叹息，那是一种莫名的恐慌。不下雨就意味着庄稼没有办法生长，粮食颗粒无收。在那个年代，饿肚子甚至饿死人的事都会发生。所以，每次到龙井边祈祷，父亲总会跟在阿奶的身后，小心翼翼地跪拜。他说从小就懂得靠天吃饭的道理，哪怕出来读书、参军、工作了，天时也一直是父亲所关注的事情，就像他一直关注着家乡土地的命运一样。父亲的这一“病根”也直接影响到了我。

楂子树寨子边上的大青树下是一口水井，大青树是阿祖种的，5 个大人手牵手才能将它围拢；井的出水口细如针线，它吝啬地流淌着，全村 100 多人就靠着这唯一的“龙水”生存。如果是干旱时节，井水渗出缓慢，井边排放着长龙似的桶，人们只能一瓢瓢地舀水，这是个让人揪心的场面。被太阳炙烤得龇牙咧嘴的山地让我夜不能眠。阿公说，不下雨会饿死人的。每晚我悄悄对着满天的星空许愿，希望快点下雨，把龙井填满。

楂子树是不缺大树的，只缺井水。古井旁有一棵参天大树，传说先人们拖着疲惫的躯体迁徙到此时，山地被烈日炙烤得冒烟，他们四处寻找水源。正当焦渴绝望之时，有一名叫阿三的智者从老青树旁的岩壁缝渗出的水断言，只要能从岩缝钻进去就定然能找到泉眼。可谁能担此重任，进入外表狭窄而内部深不可测的岩洞找水呢？我的先祖李大挺身而出，他进去了，可再也没出来。第二天，一股清泉便从树根之下的岩缝中淙淙流出，成了先民的

这口逐渐干枯的龙井，祭祀仍在继续

救命水。这口井便世世代代肩负起了滋养山民的使命，也成了山寨最神圣的所在。人们说李大已经化身为龙，这是个美丽的期许。而不识一个字的阿奶说李大是用自己的躯体舍命掘出了泉眼，这些泉水流着他勇敢的血脉。于是，每逢正月初二这天，寨里的男女老少总要在大青树下的井边举行盛大的祭祀仪式。

水对于山里人是贵若珍宝的资源，井水、雨水、溪水，一切来自天地的水都是自然奢侈的赐予，都是让人生存下去的重要保障。而天时莫测，旱涝无常，人们对水的渴盼转化为对自然的信仰和靠托，这样的信仰与艰苦的生存环境不可分割。对于龙井，那是一个寨子的圣地，因为那里居住着带给人们命脉的龙王。说到龙，在布朗族眼里是带着敬畏和距离的。尤其是孩子，一个人是不敢贸然去龙井边玩耍的，他们对龙的认知都来源于老人们所讲的那个传说。

很久以前，一个叫阿龙的孩子，每天出去放牛都要经过龙井，每次到龙井时，总有一只鸟叫“阿龙，阿龙，渴啊渴啊”。阿龙很讨厌这只鸟，抽出弹弓把它打死。这一天放牛回来时，阿龙觉得口很渴，于是趴到井边喝水，谁知总是喝不够，等牛羊归圈了，父母见阿龙还没回来，找到龙井边时，看到了阿龙的弹弓和鞭子。这天晚上，龙王托梦，告诉阿龙的父母，阿龙已化身为龙，永远回不来了。而每年祭龙之时，夜里，人们总会听到，在龙井边的大树上有一只鸟叫“阿龙，阿龙”。老人说，那是阿龙想念自己的父母了。我一直没听见过这样鸣叫的鸟，也许这只鸟只存在在人们的传说里。而每次到龙井边汲水，我总会莫名地害怕，那潭清泉之下会有什么呢？是恐怖的龙爪还是莫测的世界，抑或是被迫离开父母的阿龙？我很想知道，而又无法知晓。龙井边很少有孩子单独玩耍，这块充满了神秘传说的地方，让人敬畏而疏离。也许这是大人们为了不让孩子在龙井边撒野而编造的一个故事，不过，这样的故事甚有威慑，龙井一直以来都是清净之地。除了祭

龙这一天人声鼎沸外，其他时节都是平静祥和的。

在每年的正月初二，寨里总要举行盛大的祭龙仪式。祭日那天，主事人召集大家杀猪宰羊，每户人家拿出 2 筒米、2 斤酒，在龙井边聚餐。中午时分，大筒吹响了，祭典开始了。10 位乐手分别穿着黄、绿、白、红、黑 5 种颜色的衣服，吹奏唢呐、笛子、芦笙等乐器，绕着龙井虔诚地演奏。五色衣寓意彩虹，富含山民们最朴素的理念，希望龙井源源不断地流出清泉，也希望上天能惠泽这片贫瘠土地上的所有生灵；悠悠的音律是献给勇士李大的颂歌，也是安魂曲。我想，他在九泉之下看着自己日益壮大的家族和子孙，定会面带欣慰地微笑吧。寨中长老举着猪头等供品叩头祷告，口中念念有词，祈求龙给山民带来好收成。可龙始终没被布朗族人的诚意所打动，出水依旧如前，纤细而均匀，龙井旁的木桶依旧排得如长龙。直到 1997 年，为解决边疆少数民族山区人畜饮水问题，国家架设了引水工程，甘甜而清澈的水流进了家家户户，水桶排队的场景从此消失。

至今，祭龙依旧延续，只是这样的仪式已经不纯粹为了祈求雨水，更多的是一种对历史与先人的祭奠和对自然的敬畏。我很欣赏这样的敬畏，如果人总以主宰者的姿态试图征服自然，其结果只能在强大和莫测的自然面前黯然神伤，心存敬畏就会懂得珍惜与守护，这总比肆虐与蛮占接近科学。

四、洗牛脚

在滇西大地，那些或褐色，或红色，或黄色的泥土，带着乡亲们沉甸甸的血汗、气息和温度，布朗族熟悉而热爱着、相依而敬奉着。他们用土砌墙，用土打灶，在土里耕种，在土上竖房，在土坎里分娩，在土坑里下葬。生前离不开土，死后消融在土里，一辈子都过着土土的日子。耕作是土地之上永恒的主题，季节的流转、万物的变迁，自然以它的法则在悄然改变，而只有土地永远保持着它的本色。这天然的母体，繁衍出万物，接纳众生的尸身、粪便、血汗、泪滴，人世间最大的轮回无不是在土地之上上演。

当山间的草剥开层层绿意，布谷鸟开始在枝头梳洗歌唱时，大山以一种勃勃的生机迎来繁忙的季节。耕种是一项负累的活路，在陡峭的坡地上，那些弯着腰、背着箩筐的人像背负着一块厚重的天，脚下的土需要一块块地开挖、一层层覆盖上粪土、一粒粒

祭祀时吹的羊角号

地点上种子，然后就剩下期待老天帮忙降水了。雨水好的时候，坡地几天便开始泛绿，从黄土中冒出的小苗，墨水一样晕开，大山逐渐生动起来。牛，是山里人的朋友，驮运、开垦，默默地低着头颅，和土地一样，无语付出。扣着节令的脚步完成所有的耕作后，马上接近清明，布朗族该进行一项浩大而庄严的祭祀——洗牛脚。

洗牛脚，是布朗族对于土地的一项祭祀。春耕之后，清明前选取一天属马的好日子，开始祭拜土地、山神、路神、水神。人们希望天降甘霖，于是向上天和土地虔诚祭拜。一只羊、一只鸡、一个猪头、五样素菜、五色彩旗，由男人们抬着来到寨子外新耕的土地旁，向神灵焚香祷告。袅袅的青烟升腾上空，连接着土地和蓝天，连接着人和神，连接着庄稼和天时。人们在土地上滴下鸡的血、羊的血，将预示着彩虹般的五色彩旗插在土里、门边、路边、牛圈边、厨房外，祭祀的长者念完漫长的祷告词，割下三牲最好的肉，与香火一并送到有水的地方，供奉给各路神灵，希望他们尝尝人间烟火的滋味，希望他们和人一样以同类的心境来体恤这些大地之上微小的生命，祈求风调雨顺、五谷入仓、瘟疫远离、六畜兴旺。

洗牛脚，除了上付神灵外，还上付对于耕作默默付出的农具和老牛。洗去牛脚上的泥浆，让辛苦一季的劳作者好好休息一番，也杀鸡宰羊犒劳一下自己。牛此刻已不再是人使唤的一种动物或劳作工具，而是人的同伴。当人们端着蒿子水清洗牛脚的时候，

如今还能祭祀“洗牛脚”的“吉筛”李文阿

牛便是人最为尊贵的亲人。没有牛，那些硬实的土壤是不会被层层犁开，变得松软而易于耕种的。从春耕到收获，牛总是在山野里耕耘着、驮运着，它的身影始终伴随劳作的人。这让我想到了柳宗元的《牛赋》：“牛之为物，魁形巨首。垂耳抱角，毛革疏厚。牟然而鸣，黄钟满脰。抵触隆曦，日耕百亩。往来修直，植乃禾黍。自种自敛，服箱以走，输入官仓，己不适口。富穷饱饥，功用不有。陷泥蹶块，常在草野。人不惭愧，利满天下。”这默默付出、任劳任怨的品行和大山里的布朗族是那么的相似。而对于牛，布朗族也惺惺相惜、尊重以待，像双亲一样供奉，这是对于生命最朴实而诚挚的情感。家园在互相体恤和敬重中和谐，万物在彼此抚慰中安详。原始的宗教和信仰有时胜过那些精细的明文法规，它可以在漫长的历史中，为人类生命提供精神养分，帮助他们对

付生存困境，一切皆安然。

牛，可以说是一家人最重要的劳作伙伴。而在山地上劳作，那些悬崖峭壁往往暗藏杀机，难免会有不幸发生，牛滚坡对于农人来说是致命的悲剧。只要哪家的牛不小心失蹄滚下山坡，便有人大声呼救。这时，在附近劳作的人便循声汇聚而来，为主人家寻找滚下山坡的牛。找到牛，如果还有挽救的余地，便在附近搭一个棚子，为牛疗伤；如果牛已经死亡，主人家只有请寨子里会杀宰的人就地把尸体分割了，由几个壮汉抬回家让全寨人享用。而山里人对这样的分食大都怀着惋惜的心情，吃完牛肉，各家各户总要给主人家送去一些柴米或蔬果作为宽慰，哪怕这样的补贴微不足道。记得小时候，牛滚坡的事情一旦发生，全寨子会发生不小的轰动，大人们都会眉头紧锁，像失去亲人一样，一脸哀戚；而孩子们则不然，不识愁滋味地认为可以吃到肉了，欢喜得不得了。那时，只要是哪家的牛滚坡了，阿公总会把自家的牛借出去一段时间，让那家人渡过难关。牛，就是一个家的壮劳力，起到支撑全家劳作的重要作用。大家对牛的珍爱可想而知。

祷告是必要的，祷告者是寨子里的智者，他懂得用怎样的语言去和神灵沟通，喃喃而缓慢，没有人听得懂他的说辞，只有万能的神灵可以明白。我曾经接触过一位负责主持祭祀的老人，名叫李文阿，他是那个寨子里的“吉筛”（先生的意思，具有掐算、占卜能力的人）。他皮肤黑黄、脊背微驼、沟壑满脸、眼睛微闭，那双瘦骨嶙峋的手指被火烟熏得愈加黝黑，握住烟斗吧嗒吧嗒地抽着旱烟。他对我的来访没有一点点不适，指指凳子示意我坐下，仿佛我就是他的外孙女，从外地回来看他一样。我轻声地问："您现在还负责祭祀的主持吗？"他浑浊的眼里一片迷茫，我再问："您还上付神灵吗？"他缓缓说："上付呢，等'洗牛脚'的时候。"陪我一起的村干部说："年轻人不会这套了，所有礼仪都是在老人的指导下完成。"我说："为何没有接班人？如果有一天老人故去，这个寨子的'洗牛脚'活动岂不是没有了领头羊？"村干部说："没有人学，大家都到外地干活苦钱了。"说话瞬间，我看着老人，在昏暗的光线下无法看清楚他的眼神，花白的胡子苍凉一片。他没有更多的言语，似乎在冥思着什么，啪啪地吞吐着草烟，火塘的光影在他脸上忽明忽暗，指缝中还存有洗不净的泥土。对于土地的敬奉，永远留存在老一辈人的心里，而年青一代已离故土越来越远了，那些神灵已逐渐走出他们的家园，消失在不屑和漠视中，也消失在物欲和文明中。

有一天，祭祀将不复存在，我们将再也听不到那些可以飞抵神灵之界的祈祷声。当脚下的土换为水泥地、土墙被钢筋替代，我们不再与大地保持亲密的关系，所有的悲悯、敬畏、怜惜、感恩将成为这块土地之上最后的春天，而欲念和奢望蚕食人心，"礼失而求诸野，智亡而在民间"。有一天，我们还能在山野和民间找寻到那些被丢弃的礼数吗？希望还能。

五、祭火神

火，似乎是人与动物之间的一道分水岭，只有懂得使用火，才让人真正走向另一种文明。它雀跃的身躯是人告别寒冷、可以吃熟食的兴奋之舞。在刀耕火种的年代，人们用火焚山，清出一片土地开始栽种，那些被焚过的土地盖着一层天然的肥料，有益于庄稼的生长。靠着自然的肥力获取食物，火的功劳不可估量。在黑黢黢的大山里行走，人们需要燃一束火把，除了照明，还有

驱赶野兽的作用，那熊熊的火苗为夜行的人们壮胆，让人们看清方向。回到家，人们需要火，煮食、烧水、驱寒都需要火。火，是生活的必需。在布朗族寨子，每家每户都有一个火塘。从火塘搭起的那一刻，一个地方便开始从寂静的荒野变成人声鼎沸的家园，一方习俗也开始在火塘边生根发芽。

火塘对布朗族而言，是“家”的象征，也是“家”的符号。“日子不断，火塘不灭。”火塘熄灭也代表着“家”从此消失。也许是因为火种的珍贵，也许是因为温暖与力量的驱使，布朗族世世代代的延续总是靠着熊熊燃烧的火塘，火塘自然而然成了“家”的中心。客人来到总是要领到火塘边，将浓酽的烤茶泡好，把火腿、腊肉煮上，待茶喝够时饭也熟了。肉香酒浓，主人的热情点燃了熊熊的火塘，也温暖了来客的心。

火塘一般设立在堂屋中、厨房里，就着土地板搭两个石头，或者围几个土墼，便是一个小小的火塘。火塘之上悬挂着水壶，也有的在石头两端放置着两根铁块，作为烧水的架子。悬挂水壶的扣子是竹筒做的，可以伸缩，烧水时将壶挨近火堆，水烧好后便将挂钩缩短，把壶悬于高处，这样便随时可以喝到热腾腾的水。我最喜欢喝这样透着烟火味道的水。儿时，在火塘边看着阿公抓一把茶叶放在土罐里，将土罐依在火塘边四面烘烤，等茶叶烤得透出香气，便将滚开的水倒入土罐里，“吱”的一声白烟涌出，随着涌出的便是浓浓的茶香。这样的茶水浓酽，苦中回甘。我常常在这样的气味中，听阿公讲那些远古的故事，火苗在噼啪跳跃着，我的心随着阿公的讲叙也在飞跳。人的记忆很奇怪，可以由诸多的感觉组成，视觉、听觉、味觉，或者这些所有感知的糅合。火塘于我的记忆就是由那些雀跃的火苗、飘荡的茶香、神秘的故事、烟火的气息所组成的，温暖而美妙，厚重而情浓。时至今日，只要触及任何与火塘有关的东西，那些回忆就席卷而来，将我湮没。

劳作回来，大人们总要来火塘边歇歇脚，喝杯茶。入夜，一家老小就聚拢在火塘旁。火塘是一个家的神祇，在火塘边总有燃烧不尽的话语。家人对于火塘总会寄予类似母亲一般的情感，在火塘边烤火、喝茶、冲壳子，家长里短、柴米油盐、年成播种、儿女之事，都在冲壳子中商量和决定。这样的敬奉使得孩子们不能随意在火塘边撒野，可大家却没有表现出对神灵那般的敬而远之，依然喜欢与这小小的火塘相偎相守。火塘总以谦卑的姿态坐落一隅，用一己之躯慰藉人们坎坷的生活。如果有哪一家的主妇死了，或者家庭遭遇变故，布朗族人常常会惋惜地说，这家人的火塘要冷了。火塘冷意味着家庭的缺失，而火塘熄灭便是一个家庭的消亡。

阿公在与阿奶结合之前，也有过一个家，不幸一场瘟疫带走了他的前妻和三个女儿。阿公孑然一身，家里的火塘从此冷却下来，直到遇到了阿奶，这个豁达而热爱生活的布朗族女子，才将阿公的火塘重新烧旺。阿公和阿奶一共生养了父亲他们四个兄弟姊妹，在那个艰苦的年代缺衣少食，但只要一家人围坐在暖暖的火塘边，也是一件幸福的事情。

火塘不灭，血脉永留。对于布朗族来说，火塘在很大程度上代表着一家人的健康与和睦，它是一个家完整的具象表达，也是一个家精神的引领者。万物有神，火塘也是神灵之所在，只是这样的神灵洞悉人间悲苦、懂得世态艰辛，他的身上沾染了朴实的烟火味道，通达得仿佛守护家的灵兽，让人热爱与敬重。

为了心中的火神，布朗族特意在农历正月初二晚上到十五进行“耍灯”祭祀火神的活动。在 10 多天时间里，每户人家的主妇总将三炷青香、几滴酒水奉给熊熊燃烧的火塘。而家里的男人会在这段时间里，端上自家做的最丰盛的饭菜到地里祭拜，并且烧上一束稻草，以这样的方式纪念那些刀耕火种的岁月，也纪念火带来的食物和生活。人们祈求火神赐予火种，又请求火神不要带来毁灭的灾难。于是在十五那晚上，大家都要打着火把游寨子，沿着道路，穿过寨子，来到山林，淌过溪流，由主事的人念叨：

火神，

你来家就来歇歇脚。

你来，我好酒好菜招呼你，

你来，我打歌唱调招呼你，

歇歇么你就克，克了么保佑我们大小寨子平平安安，无病无灾。

保佑我们火塘旺旺，米肉香香。

火神，

今年来了歇完脚，明年再接你又来。

这是送火神仪式。布朗族人认为：火神应该是住在天上的，那些闪电与雷声，那些带着火一样尾巴的流星，那灼热的日头，都是火神的所在。火神接来了，必须送走，它来凡间一趟，久留不得，久留了便生祸端。火塘边贴着喜神纸符，人们每天都祭祀供奉，它似乎是火神下派人间的一个灵兽，懂人情、晓事理，让人离不开它。

还记得我幼年时，老家楂子树就是因一次失火而全寨子化为灰烬的。失去家园的痛楚让远在县城的父亲焦急万分，一夜间苍老了许多。听说，那是一场浩劫，一寨子 10 余户人家化为乌有。那片火光中，不知带着多少人的哭喊和焦灼。劫难过后，阿奶在焦土满地中默默垂泪，阿公和阿叔们拿起了旋刀、锄头开始重建，而父亲也把自己积攒的一点钱拿出来送回老家。全寨子的老老少少都投入家园重建中，像最初搬迁到这里一样，从一根木头、一块石头、一堆草、一片瓦开始堆砌。经过了 3 年多的时间，楂子树这个寨子才逐渐恢复。那年是 1985 年，对于火神的祭祀依然进行。我知道这样的祭祀在很大程度是寻求心理安慰的，听说那次失火是两个不懂事的孩子玩火造成的。正值中午，大人们都下地干活了，于是发生了这样的惨剧。

每次祭火神，都会让这个寨子回想起那次席卷一切的灾难，都会让人心里的痛加深了一层，失去家园的悲痛和无助，增加了人们对火神的恐惧，也添加了几分畏惧和虔诚。表姐后来说，从那以后，人们每年送火神时，几乎是全寨人出动。不管火曾经带来过怎样的灾难，阿公总是说，火是布朗族的朋友，它能驱走恶魔和瘟疫，能给人以无穷的力量。只有在火塘边你才是安全和温暖的。父亲年幼时每次和阿公外出，夜晚，阿公总是生一堆火，然后将父亲交给茫茫丛林，自己放心地去狩猎。父亲在火堆边睡着了，远处是野兽绿得发光的眼睛和恐怖的叫声，可火让它们畏惧，也让它们止步。火光照亮了父亲安然入睡的脸庞，阿公的放

心只是源于这不灭之火。阿公老了以后，每天总习惯把火塘烧旺，喝着烤茶、抽着旱烟、看着窜动的火苗，眼里是一幕幕往昔的岁月。

六、祭　祖

对于先祖，布朗族人认为其地位可以和天地同在，天地滋生万物，祖先滋养后代。天地像祖先一样，是一个巨大的母体，那些河流像乳汁，那些风云日月教会了人们如何在四季中播种，祖先是天地带着体温的另一种呈现，教会了我们说话、走路、做事与生活。所以，除了那些关于天地之间的祭祀外，祖先的祭祀也是布朗族最主要的庆典。

祭祖，也叫“献老祖”，布朗族语称“谷委哀”。“献”，双手呈上，这个词的亲密之意远远超过祭。“祭”有距离感，而“献”更能体味到彼此之间的交集和对老祖的敬意。“老祖”，一般是指过世的长辈，这些与自己有着血脉之缘的人很多是虚无的，大多数没有留下照片，有的只有言传的事迹，有的根本找不到坟冢。后辈说着他们留下的神话，唱着他们编创的歌谣，耕种着他们开垦的土地，住着他们建盖的房子……那些逝去的老祖就如同自家屋里的火塘那样，可以让你的心温暖而实在。不同于祭祀诸神，他们是曾经在同一个屋檐下生活过的血肉之躯。布朗族不像汉族，有自己的文字，可以在堂屋里立上天地牌，可以写成家谱流传于世，可以在自己祖先的碑文里找到诸多的脉络和故事。汉族的祖先是具体的、物化的，感觉实实在在的，甚至是有理有据、有依托感的。布朗族的祖先似乎只是一个虚幻的念想，没有天地祖先牌位，没有碑文，没有家谱，然而却如精神图腾一样烙在后代的心里，永远存活于他们生活的周遭。对于祖先的“献”也体现在生活的各个细节里，“出门靠山神，进门靠亡人”，这里的亡人所指的就是老祖。这说明，老祖们虽然逝去，却用另一种方式一直生活在子孙的身边，从未离开。所以，清晨起床，第一杯水一定是敬奉给老祖的；每顿饭之前，无论任何情况下，第一碗饭必须是献给老祖的；最好的菜必定是给老祖的，而且夹菜的筷子不能喂进自己嘴里，这小小的举动表达的是对老祖的绝对敬重。吃饭时，阿奶每天的祷告像一个时钟，精准而必然。当黄灿灿的苞谷饭蒸熟摆上桌后，她做的第一件事情就是端着饭、夹上肉菜，端到堂屋中央，请李氏先祖享用。这碗被老祖们用过的饭总是给家里最年长的人吃。阿奶说，小孩吃了会生病的。而且祭拜没有结束，不能动筷，这是规矩。阿奶端着菜饭喃喃自语，对着空荡荡的堂屋，对着空荡荡的厨房，而在她柔和的目光里，似乎这些空荡荡并不存在，而是坐满了先祖。

收获之际，新谷米以香软的姿态呈现在饭桌时，也是为了献给老祖。杀鸡宰羊，同样如此，这样的祭拜已渗入每个布朗族子孙的血里，没有人会因为饥饿病痛和其他特殊的原因而不祭先吃。

我曾羡慕汉族那些悠久的碑文和不朽的族谱以及天地牌，如今想来，布朗族这种面对似虚无却植入魂魄的敬重和祭祀才显得根深蒂固。只要心中有敬畏，是无须这些物化的东西的。一代代人遵循着这样的祭拜，言传身教，生生不息。这样的祭拜渗透到日常生活的点滴。此外，最为隆重的就是每年的腊月二十三和二十四日与六月二十三、二十四日的火把节这几天，都是布朗族最为重要的对于祖先的祭祀活动，除了在家里祭拜，还必须到坟地里去献祭。布朗族的坟准确地说就是一个个土堆，那些土堆上长满了枯草，如果不细看土堆前随意搭起的三块石头，没有人知晓下面埋着一具尸体。布朗族的坟简单随意，没有任何讲究的墓碑，更没有雕龙画凤的石刻，当然也就没有文字。对于布朗族而言，死亡就意味着归土，回归到脚下这块祖辈世代劳作的土地中去，繁衍出庄稼和牛羊、树木和井泉，也繁衍着一代代的人。大地是宽厚的，生时供给一切，死后接纳一切。那些凋零的植物，逝去的尸身，消融成赤褐的土。故土，逐渐变得厚实而沉重。

万物有灵，人死后注定和这世间一切物体一般轮回再生，而来世不知重生为哪种花草或者动物，也许是一块石头、一滴露珠。面对着这大地之上的不竭轮回，死亡只是一个生命的结束或者另一个生命的开始而已。布朗族对待死亡相对超脱，坟冢只有土堆和三块石头。而后人鉴别祖先的辈分，主要依靠布朗族每个家族都有的严密的长幼次序，包括称呼，实行一大到底（就是兄长的子女哪怕年纪再小，其所有表兄妹都得称呼为哥或者姐，而弟妹

↑祭祀祖先与万物

↓祭神的队伍

的子女永远是小辈）的原则。老祖辈，爷爷辈，父辈，如宝塔似的依次层层往下。也有些地方，比如大中村等地，实行祖坟三代后重孙的墓地可在祖先的上方安葬，布朗族称之为起祖。人们献祖时，把杀好的鸡、准备好的香火一起带到坟前，以茶酒敬献、磕头作揖和先辈们说几句家常，肃穆中又有那么几分别样的温暖和随意。祭祖的这两个日期恰好安排在一年的开始和中间，把岁月分为了两半。我儿时曾问阿奶，怎么会挑这样的日子祭祖。阿奶说："过年么，一年开始了，要老祖和我们一起吃好吃的，辛苦了一年也得让老祖享享福。火把节么，五荒六月的，最缺吃少穿了，这个时候去坟前献老祖，是不要让他们过苦日子。”在布朗族眼里，祭祖似乎与吃有着很大的关联，希望老祖在每年都可以享用到后辈人辛苦耕作的粮食，希望他们在那个遥远的世界不会饿肚子。粮食，带着大地的体温祭献给那些沉寂于泥土之下的先人们。献祖，很大程度上体现出这片土地之上的人们对于粮食的渴望，以及对祖先最朴实的敬意。

七、占卜

占卜应该算是一种特殊的信仰，在莫测的自然面前，人们会通过各种各样的办法去探测上天的旨意、未来的凶吉。布朗族最常用的占卜就是看卦，看卦一般是在特殊时候进行的。一年的起始、出行前、狩猎前、重要活动前，必须看卦，看卦是通过看鸡身的骨骼来预知祸福。一年的起始，通常是过年时，杀一只自家喂养的公鸡，整只煮熟后，鸡的脑壳、舌部、翅膀、腿和脚都是卦象的所在。鸡的下颌骨，如果剥离出来的两侧下颚骨能够完好地勾连起来，那么所有的卦象应该是准确无误的。鸡嘴的六叶如果完好，就表示一家人未来的日子会平安，如果长的两叶有破损或短缺，那么预示着家族的长者会有不测；短的四叶有残缺，则表示年幼的人会有磨难。鸡头眼眶骨骼剥离出来，形状犹如一

只小小的天鹅，如果天鹅嘴部挂着一丝肉，布朗族叫作“白鹤抬肉”，那就预示着这一年会有收获，或者这次出行一定满载而归，这一年五谷满仓的希望最大。一般出行的人大多会看“白鹤”抬不抬肉，鸡眼眶通不通透。如果这两项都遂意，那么便可放心出行。如果鸡舌的舌根骨自然向内弯曲，就意味着这一年有财源进家；如果向外延展，就预示着有破财的事情发生。

狩猎是一项重要的出行，密林的幽深莫测，野兽的出没与攻击，这些未知的凶险需要用鸡卦来安抚人心，所以看鸡卦，一般是在远行狩猎前的一种占卜。动身前的一大早，负责此次狩猎的领头人要在寨子里抓一只放养的鸡作为猎人们的早餐。这是出远门的惯例。抓到的鸡不能知道是谁家的，如果知道就必须放回去，不然就会失去意义，这个意义就是未知和未卜吧。只待把鸡煮好端上，随行的人开始焚香叩头祭拜。完毕，领头人拨开鸡头，细致而耐心地剥离，他需要看看这次出行是否顺畅，一切莫测的前程都在这鸡头卜卦里徐徐呈现。鸡头的两个眼眶中间有一层类似膜一样薄薄的骨骼，如果通透且白皙，那么就顺畅无忧，出行不会遭遇磨难；如果乌黑则表示运途多舛，这是出行人的大忌。看到这样的卦，一般情况下大家宁可毁约而另择行期。我曾听到过，阿公年轻时出门狩猎就常常看鸡头卦。有一次，卦相不好，阿奶劝阻阿公择日再出去。阿公因事先约好了河外山（昌宁地界）的朋友，不想爽约，于是便执意前行了。结果，在那次的狩猎中他差点丢了性命。在围猎时，阿公一个人遭遇了一只凶猛的黑熊。

他用火药枪射击黑熊的前胸，黑熊受伤逃跑，阿公顺着黑熊的足迹追去，我们称之为“理足迹”。这是猎人必须具备的一项技能，顺着血迹或者猎物逃跑的足迹穷追猛打。没想到黑熊“坐堂”。所谓“坐堂”，就是凶猛动物知道自己伤势严重跑不远了，选择一个有利位置等待猎人，做最后的殊死搏斗。专心理顺足迹的阿公疏忽了黑熊的狡诈，以为这头猛兽被击中心脏已经奄奄一息了，于是就只身前往，谁料“坐堂”的黑熊以迅雷不及掩耳之势起身反扑，阿公忙用左臂抵挡，熊爪深深陷进了他的肌肉里。瞬间，阿公的手臂露出了白骨，剧痛排山倒海般袭来，阿公咬着牙依然用左臂抵挡着黑熊的反扑，快速用右手抽出腰间的长刀刺入了黑熊的胸膛，黑熊的血与阿公的血一起交织着染红了那片搏斗后的草地。从此，阿公的左臂上永远失去了一块肌肉，而那头黑熊的手掌也被保存下来，它时刻提醒着阿公，作为一个猎人，稍不谨慎就要付出代价。

如今，逢年过节，父亲有兴致时还是会剥开鸡头看看，只是他所看的已不是为了占卜凶吉，而是在这个过程中体味着先人们对于生活的细微感知。看着父亲专注而沉静的表情，我相信他的思绪已飞回了老家，回到了儿时在阿公身边，看着他老人家剥鸡头看卦的那些美好时光。

第三章

岁月留痕

一、那些长在记忆里的蛮竹

蛮竹，一种生长在布朗山里的竹子，我一直觉得蛮竹是为布朗族而生的植物。高大而粗壮、挺拔，直冲云天。布朗族在历史中曾被称为“蒲蛮”。“蛮”，布朗族认为是大的意思，也有王的解释；而汉语里“蛮”即是野，可以随性地生长，无拘无束，带着自然世界里最原始的气息。蛮竹是两者的统一，既有王者的大气与博爱，也有浪迹天涯游子的情怀，在起伏的群山里郁郁葱葱，延展成一片让人叹为观止的风景。蛮竹苍苍，它是主妇，染绿了山寨、掩映着篱笆和野花，让家变成了温馨的小窝；蛮竹苍苍，它是壮汉，带领着源源不断的子孙世代驻守着大山，倾其一生献

蛮竹是布朗族的朋友

给了这片土地上生生不息的人们。

蛮竹于我而言就是一种暖暖的记忆，生长在心里最肥沃的地方。春天，细雨绵密，丝丝柔柔洒向静默的大山。这时，黑土里，岩缝中，蛮竹用积蓄了一冬的能量破土而出，开始了一生不懈的拔节。在天地间，细雨的轻柔与蛮竹的刚劲完美地交融为一幅烟雨图，唯其这般，山林才显得灵动而多彩。小时候，我和阿公到山里找菌子，看着满坡地蓄势待发的竹笋，阿公笑着对我说："你看，我们的朋友开始出土了。"是啊，我们的朋友，它是布朗族一辈子也离不开的朋友。阿公那根挑起全家衣食的扁担，阿奶那个被手摩挲得发亮的簸箕，一代又一代的布朗族人就在与蛮竹的相守中走完辛劳而平和的一生。这一生始终带着蛮竹清淡素怡的滋味，带着蛮竹倔强而忍耐的个性，这样的人生简单而实在、自然而淡定。

扁担挑起了一个个家的重任

蛮竹出土了，布朗族人的桌上自然也多了一道很鲜美的菜——青笋。记得阿奶采摘青笋时，总是将挤密在一起的青笋拔去一部分，为的是留有空间让更粗壮的蛮竹长得笔直，经过这番人为的梳理之后长大的蛮竹总能成为最可人的材料。青笋一般是切成片，清水煮后放上盐、辣椒和花椒等作料一拌，便是一道上好的佳肴，鲜嫩可口。在竹楼里摆上这道野菜，朴素的日子里会透出不为人知的快乐来。这让我想起了东坡先生那首《浣溪沙》里的“寥茸蒿笋试春盘，人间有味是清欢”。这是对大自然纯净而疏淡滋味的一种赞赏，有什么能比带着泥土、露珠、晨雾和春雨

的滋味更让人心旷神怡呢？自然而然的味道总能使得人的味蕾舒坦。如今，人们餐桌上的菜式眼花缭乱，鸡精、色拉油等调味品横行，让人吃得安心舒心，能让人食后有种清淡欢愉的菜已经越来越少了。原来信手拈来的清欢如今却再难找寻，物欲的横流在很多时候是对简单和自然的一种冲散。

簸箕是蛮竹编织的，每天阿奶都要用簸箕来筛苞谷，做苞谷饭，细软的苞谷面掺水后在簸箕里被反复撵揉、打碎，来回筛拨，最后被筛滚成细小如米的颗粒。这些闪耀着金色光芒的苞谷粒，放在蛮竹做的蒸笼里蒸熟，满屋子便飘溢着暖暖的香气。为了让全家人每天都能吃上热腾腾的饭菜，阿奶起早贪黑，磨面筛面，一辈子不知筛坏了多少个簸箕。每天早晨，厨房里便传来“唰唰，唰唰”打面果儿（苞谷面做的饭）的声音。这声音在静谧的山寨里传得很远很远，像一首摇篮曲，让家人永远沉浸在甜美的梦乡里。就这样，在年年岁岁中，阿奶始终与簸箕为伴，小小的簸箕里盛满了一个家庭主妇无穷无尽的爱。

随着一块块笋壳的脱落，蛮竹开始了生命的蜕变，从青绿到深绿，再到绿中带黄，色彩的更替变化演示着蛮竹不同的成长阶段。从竹笋到一棵可以作为建筑材料的竹子，大概需要两年多的生长时间，在它们身上，岁月之痕似乎还没来得及留下任何迹象，蛮竹已结束一生的使命。最高的蛮竹竟可高达 20 米，它们是自然天成的农具材料。对于世代在大山里耕作的布朗族来说，农具是

他们生生世世的朋友。这些农具经手的无数遍拿捏，一层层沉甸甸的包浆透着暗淡的光芒。这光芒中带着土的颜色、庄稼的颜色、汗的颜色、泪和血的颜色，糅合四季里的冷暖，积淀生活中那些苦涩与伤痛。这是年岁的色调，使得这包浆厚重黏稠。有些农具牢固得可以用几代人，像一个个不说话的仆人，永远陪着主人们在这片土地上默默耕作。

扁担是山里人必有的农具。带着它，可以防身，可以当拐杖，可以肩负食材。只要有刀，人们随手便可做成一个扁担，路边的木头、竹子，挑上那么一米多长硬实的一节，掂量厚度，削平即可。挨近肩头的一面必须顺滑，挑负重物的那一面两端末梢都要凹陷下去，以便勾住挂上的物体。人在陡峭的山地行走，除了背就是挑了，似乎只有肩膀才可以扛起那些超过自身体重的东西。一道扁担均衡地将重力分布在身体的两侧，走起路来上下跌

蛮竹编成的墙

宕，一段路下来，已汗流浃背。在盘曲的山道上，在四季的轮回中，在回忆的片段里，那些挑着重物的身影在我眼里似乎增加了山的重量，那么沉，让光阴也背负上难言的跋涉。

我见过阿公留下的那根扁担，在竹楼的角落放着，覆着岁月的尘灰。扁担是蛮竹做成的，厚实而稍宽。经过长年累月的负重和吊压，扁担的中段像一个老者的背脊，佝偻着。两端被手掌磨得透亮，而整条扁担已失去了它原有的颜色，暗黄中透着土褐色。就是用这条扁担，阿公挑起了一个家的重任。把粪土挑到田间地头，把收获的庄稼从大山的各个角落挑回家，把家里种的粮食和菜蔬挑到远在县城读书的父亲的学校，把井水挑到离家两千米远的崖子的石缸里，给过路的行人解渴，把那些来自大山的芭蕉、竹笋、菌子、野菜、苞谷挑到山外的集市，把那些集市上买来的盐巴、布匹、锅碗瓢盆、笔墨纸张挑回大山。一担又一担，日复一日，阿公的肩膀磨出了茧子，扁担压出了弧度；一步又一步，春夏秋冬，阿公走出了无数条的道路，养活了一大家子。

阿公的步履是沉重的，重得像山，这一生都将自己的血汗赋予了土地与子孙。他的脊背更多时候是低垂着的，弯腰劳作、弯腰挑担，像一颗成熟的稻穗，让自己越来越贴近大地。那个曾经一个人徒手打死一头黑熊、一个人挑着百余斤粮食翻山越岭的布朗族汉子，在步入古稀之时已被扁担压得矮了许多，背也像他手里的扁担般弯曲得失去了挑负的能力，弯驼的背脊像一座匍匐的大山。我想，这一根根扁担何尝不是一个个鲜活的人，从笔直到

生活中随处可见蛮竹做成的用具

弯曲、从崭新到老旧、从稚嫩到伤痕累累，一点点地被岁月磨得改变了体貌。

记得儿时，父亲带着我，就是用一根蛮竹扁担挑着从县城买的给阿公和阿奶的东西翻山越岭回家的。当年，阿公也是这样挑着柴米油盐、被褥行囊送父亲到离家二十多千米的坝子去求学的。那时的父亲或许也像我一样，跟在他身后，边走边玩。一条通向远方的路连接沉甸甸的牵挂，一直走下去，竟不知不觉走到了阿公沉寂于黄土之下，走到了父亲白发苍苍，走到了我步入中年。如今，山路已修建扩宽了，车辆可以通行了，扁担早已没用了，父亲也步入了古稀之年。但每次回老家，我总会想到这条路上那一高一矮的背影，像一幅永恒的画，刻在我记忆的版图上。高大的背影永远负重沉沉的担子，矮小的背影永远是雀跃地奔奔跳跳，

蛮竹编制的篱笆与簸箕

父亲肩上的那个担子沉得可以装下几座山、几条河，甚至是整个世界。有一天，矮小的背影长高了，他也会这样肩负着对孩子的爱，渐行渐远。

阿公的扁担除了肩负着家的重任，还肩负着路人的需求。老家的山下是常年奔涌的枯柯河，河对岸就是昌宁地界，山与山近在眼前，而这看似一段绳索长的路，用脚板丈量却需要花费一天

的时间。山里人的艰难和路密切相关，从永德、昌宁来施甸，这条路是捷径，无数马帮曾在这里踏起滚滚尘烟。“走夷方”的马帮从寨子边过，顺枯柯河下到永德一带去驮运物品。赶马人常来寨子歇脚，几乎所有的人都和阿公成了朋友，我们家也就成了赶马人的驿站。寨子的人为了收获一点微不足道的大米，来到河边开垦了几亩水田。从寨子往返河谷需要 4 个多小时的路程，劳作回家所攀爬的是 50 度的陡坡，很多人爬到邻近寨子 1 千米处的石崖便口干舌燥，困顿不堪。阿公自己在这条山路来回走了无数遍，深知劳作人和赶马人的辛苦，便在陡坡尽头平整处，生长有一棵柚木树的石崖上凿了一口井，每天挑水到石崖灌满了小小的水缸，给来往的行路人解渴除乏。

阿公这一挑就是 13 年。无法想象，他竟能坚持每天 2 担水，走来回近 10 里的山路！清晨从寨子到石崖的小路上，总有一个担水人的身影，他的步子是那么稳健而笃定。人们都知道这水的来源，熟悉那个挑水而来逐渐清晰的身影，懂得这水的珍贵和体惜，便将石崖之上这远挑而来的水称为“行善水”。如今行善水的石缸依在，而阿公早已与这片土地消融为一体了。阿公故去，老叔和表哥接下了那根被磨得发亮的扁担，继续挑水，崎岖的山路上烙下了三代人深深浅浅的足印。直至附近的公路修通，这条路沉寂下来，那根被压弯的扁担才结束了这段历史使命。

蛮竹丝丝入扣地融入了人们生活

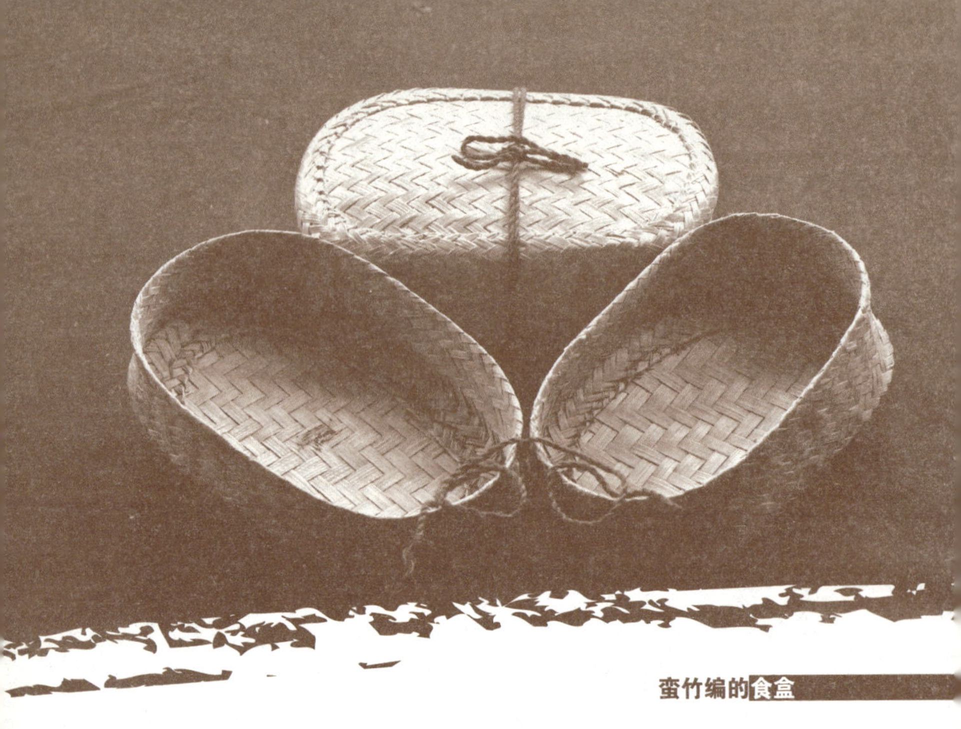
蛮竹编的食盒

除了扁担，蛮竹更多的功效便是用来做建筑和家用材料。不同的时节，蛮竹随时像一个个战士般，挺拔地候命在大山中，只待人们取用。布朗族的房屋建筑大都是一步楼，从院里就可一步登楼，所以叫“一步楼”。住房以竹木为材料，木材做房架，竹子作檩、椽、楼面、墙、梯、栏等，各部件的连接用榫卯和竹篾绑扎，这样的建筑使得家里永远透着质朴的竹香。楼下关养着牛羊，楼上便是人居住的地方。儿时，我每次回家都居住在表姐的小竹楼上，楼板是竹篱笆编织而成的，楼下小羊咩咩地叫着，羊粪的气息透过竹篱笆的空隙弥散在整个房间。夜晚，我们就枕着羊粪

饭煲与菜筒已成为历史记忆

的味道酣然睡去，在梦里自己也成了坡地上一只撒欢的小羊。

《云南通史》里记载，蒲人取物“以篓负背上”，篓即竹篓。这是被记载入文字的布朗族器具之一。布朗族生活的任何地方，生活中的任何器物，都有蛮竹的影子。篱笆、楼板、背篓、梯子、食槽、菜筒、水瓢等生活用具，用于捕鱼与涉猎的篓、笼、箩、弩、箭……人们的生活离不开它。它太重要了，像与生俱来陪伴着的亲人一样，存活于每个生活的角落和细节。

梯子的制作最为简单，选取一根两米多长的粗大蛮竹，在每节处砍个三角切口，竹节的隔心便可做踏板，人踩着隔心就可攀爬到高处取拿物件，这样的梯子人们至今仍在用。菜筒也如此，选取一节竹筒，隔心两端作为底部和盖子，将两根麻绳兜住底部

挺拔的蛮竹像一个个壮汉

就可以装水、装饭菜。儿时的我常常和表姐一起去放牛，阿奶就是用这样的菜筒给我装上饭食背在竹篓里，饿了就拿出来吃。饭煲是竹子编成的，菜筒是竹子做成的，筷子也是竹子削成的，一切都带着清淡的竹香。这些自然天成的器具环保而透气散热，一天下来，放在里面的食物竟不会变质和有异味产生。阿奶给我装菜的竹筒已经很老旧了，竹子本来的黄绿已完全褪去，菜筒表面是岁月晕染而成的褐色，家人的手时常摩挲着它，使得它透着温润的微光，叠加着亲人们的体温。用久的菜筒像传家宝一样，使得家人不忍舍弃。就算如今已不再使用竹筒做的器皿，父亲仍然喜欢用竹子来做一些简单的器具，比如当管道承接屋檐的雨水，比如当小盆栽种一些细碎的植物。这并不是因为物资匮乏，而是源于一种情结。哪怕在县城安家落户，仍然丢弃不了他特有的生活模式，对蛮竹那份难以割舍的情感，已融入了血液、浸入了骨髓。

蛮竹就是以这样最简单、最原始、最自然和漫不经心的方式成为布朗族生活的一部分的。从一棵树到一件器具，只改变了它的位置和形状，其他的悉数保留。蛮竹的品行和布朗族有着某种自然天成的契合：质朴，真实，简单，随遇而安，实用，无须雕琢，隐忍与奉献。布朗族人离不开它，离开了也就意味着自己生命的终结。从这些蛮竹制造的生产生活用品中让我看到了山里人平凡而坚毅的人格魅力，如苍苍的蛮竹，随便一个旮旯便可将血脉延续，面对着恶劣的环境依旧能不懈地生长，就算历经风云雷电，也依然挺直脊梁，压不垮摧不倒，倾其一生来承受和付出。这共同的秉性让我有种莫名的感动，原来，上苍的安排是这么的意味深长；原来，人与物也可以结缘得如此情深意长。此刻，仰望蛮竹，眼前竟是那些在故土之上默默耕耘的先辈们。

春天的雨又开始飘飘洒洒地落下了，我知道，在远方、在故乡、在布朗山深处，我的心也随蛮竹一般又开始发芽了。

二、贴近自然的穿戴

当人走出鸿蒙开荒的年代之时，人也走出一个全新的自我。知羞而蔽体、知美而点缀，人的穿戴是文明的标识，是审美的体现，也是信仰的记刻。布朗族服饰除了那源于自然的色彩和形状，还折射着这个民族在历史长河中对万物、对生命、对爱的崇拜。

生命的深处总会渲染着最绚丽的色彩，那些热烈的、奔放的、沉静的色彩，在人生的各个季节绽放，记刻着感动、虔诚、怀念。这是我在写布朗族服饰时记叙的一段文字。因为在我的记忆里，在 20 世纪 80 年代，在全民都还身穿清一色灰蓝的卡其布料的年月里，在赶集的大街上一扫眼就能看到布朗族花一样的服饰在人群中绽放。布朗族的服饰大红大绿，浓烈的色彩是那个年代最耀眼的一束光亮。是自然赋予了布朗族女人们对美最真实的表达和理解，布朗族妇女服饰色彩斑斓，那强烈的色彩配搭、大胆而热烈的色块组合，让她们有了“花蒲蛮”的雅称。

的确如此，布朗族服饰从色彩上就摄取了自然最直观的元素：红与绿，那是花与绿叶的永恒配搭；以黑色作为底色，那是大地的颜色。如花的红在服饰的每个角落里绽放，如叶的绿大肆渲染其间，像春季里灿烂的山花。布朗族服饰体现的便是人与自然的高度一致，同大地亲密无间的状态，能感受到人从自然身上得到源源不断的灵感和滋养。人是自然的一部分，天地原来是生命的

起源与归属的所在。我曾想，如果一个民族从自然那里感受到一种不可分割的亲情，那这个民族一定是幸福的。因为，他们懂得敬畏、节制与顺应，更懂得如何让自己安适和无愧。布朗族服饰不仅是美的装扮，还是其身份的直观标识物，具有区分年龄、贫富、婚姻等功能。年纪稍长者服装偏于黑蓝之类的暗沉色系，而未婚女子就花红柳绿地随意搭配。未婚的姑娘用彩线点缀的发辫缠绕在包头之外，黑色为底的包头上花团锦簇，无与纶比，并有整齐的刘海；而已婚的女人便将头发统统收拢在包头里了。随着年岁的增长，女性的衣着逐渐从艳丽的花色到沉稳的素色，以黑色、蓝色为主色调，头饰不佩戴花，而重于胸链、手镯、耳环之类的银饰品。

服饰也代表着一种文化符号。妇女衣领上的银泡有 12 个，代表着一年的 12 个月；衣褂有 24 对排扣，代表 24 个节气。这些把月份、节气纳入服饰的行为，最根本的也许是一种原始的记刻。布朗族没有文字，而节气乃是汉文化对于少数民族最有影响、最有现实意义的农耕指南。没有文字，只有把它牢固而准确地传承在自己的服饰里，这样的流传不易丢失，便于随时随地地教授与讲述。这让我想到了没有文字的悲哀，曾经的布朗族在结绳记事的年代，人们在自己的地上用绳索打下记号表明归属，而一把火烧了之后记号便无影无踪。在地界之上，矗立的是有文字与数字的石碑，冰冷、强硬的证据，使得布朗族不得不放弃自己脚下的土地，一步步被赶往偏远之地。祖先们的步伐带着屈辱和无奈，

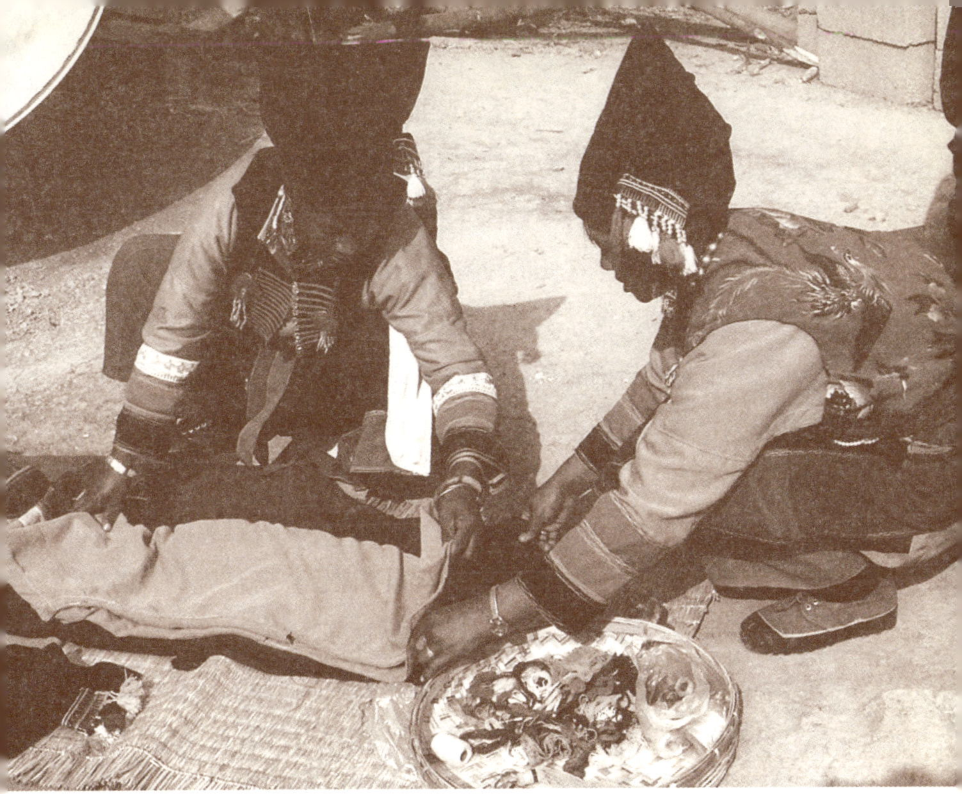

沉重而疲惫。但是，节气，这样的资源是人类所共享的，没有任何专属性，不能用文字写下来，就把它安放在与自己最亲密的部分吧。于是，在今天的布朗族服饰中，我们看到了一种对于文化最直观的记录手法，带着笨拙的美感，也带着对文化无上的遵从。

在儿时，老家的亲人们来县城办事，我总觉

得他们身上的服饰是一种无声的言说，我来自哪里、我是什么族、我已婚或者未婚。这样的语言，带着某种无形的力量。那时，少数民族常常带着落后无知的标签，每次老家来人，邻居的一个叔叔总会用戏谑的语气说："你们家来'老本'（布朗族那时自称本族）了！"并用自创的布朗语和我乱说一通。那时，觉得这个邻居的玩笑带着某种说不出的鄙视和嘲弄，很久都不愿意和他主动说话。

我第一次穿戴布朗族服饰是在幼年，看到表姐头饰上晃动的彩色毛线球，走起路来带着流动的美感，心里便萌生了想穿的念想，缠着表姐给我试试。表姐拿出她自己较小的一套来，让我换上，大得有些被罩住的感觉。然而好奇和新鲜刺激着我的神经，我催促她："还有包头呢，我要戴包头！"表姐笑着说："耐着性子，打包头麻烦呢。"我们不叫"戴"或者"缠"包头，而叫"打"，"打"这个词体现出了整个过程的费力费时。表姐先给我梳头，额头先剪一个整齐的刘海，两鬓也剪出一小撮长条的刘海，其他头发梳在脑后编成一个小辫子，这才拿出一块一尺多宽、一丈余长的黑布，一圈圈地绕在我的头顶。要是在平时，我是不允许别人剪我的头发的，而在那一刻，我安静地闭着眼，似乎在承接着一种恩赐。黑布紧密而有序地绕过头顶，仿佛在为我加冕。我的耐心超乎了自己的想象，直到表姐将最后一圈绕好后，把带着钉有五色球的花边别在右侧，打包头才结束。包头呈倒梯形，像一座大山端坐头顶。我立马觉得自己的头很沉，想着自己顶着一座山，走路都沉稳了许多。打包头是每个女人必须学会的一项活计，我曾问阿奶说："为何每个女人都要打包头啊？"阿奶说："这是本人的行头啊，你不戴包头么就不是本人了。"那一刻，第一次觉得自己是真正的本人。直到后来，我工作了，对布朗族服饰做了细致的分析和调研，才恍然大悟：原来，布朗族的包头也是人们对于自己所居环境的一种影射。山的形状，代表着他们是大山的儿女；包头侧面是五色彩线，代表五谷大神；把五谷戴在头上，希望上天能让人们五谷丰登、人畜兴旺。山与五谷是给予布朗族生存之地与生命之源的东西，把这样的物件顶在头上，时刻顶礼膜拜。从一个简单的包头上，我看到了先人们的感恩与聪慧。

布朗族信奉万物有神。新娘在出嫁时胸前挂的镜子、剪子和

← 20 世纪 80 年代的赶集街上，布朗族女人花一样绽放其间

→ 是自然赋予了布朗族穿戴之美

新娘装

手执的黑伞意味着辟邪去灾，剪去一路上所有精怪的阻碍，顺利到家。新娘衣服长至膝下，代表幸福长久。从花团锦簇的包头到草鞋，体现着布朗族对花的崇尚和对自然美的追求。围腰除了装饰外，还可以临时当作孩子的背腰可，将孩子背在背上和盖被，下地劳作也可用来装东西。布朗族女人一生要用旧、用烂无数条围腰，于是围着花边的黑围腰就和自己含辛茹苦的人生联结在了一起。没有围腰的布朗族女人就不是人，而是神，她永远体会不到生活的艰苦和养儿育女的辛劳。这一穿戴让我自然而然地想起了母亲，想到了崇高，这样的大美与大爱的结合让布朗族服饰熠

熠生辉。除了这种原始的美，布朗族服饰最为可贵的就是还蕴含着对爱的信仰和对祖先的崇拜。所有妇女外套的袖口都缝有黑、红、蓝三道彩色布条，黑代表大地，红代表火塘，蓝代表天空。它讲述着一个远古的历史故事。

传说，天地鸿蒙之时大地涌动，布朗山两块巨大的阴阳石磨合为一，碰撞出了生命的火花，一对布朗族先祖从此诞生了。这对男女成了家，世代繁衍生息，用爱延续了蒲人的血脉，让生命在这块土地上开花结果。

布朗族先祖认为万物有灵，是神圣的天地造就了人类，是熊熊的火塘繁衍着后代，“日子不断，火塘不灭”。于是便将这虔诚的信仰刻记在服饰上，穿在身上，表达着对万物和祖先至诚至真的崇拜。

而脚上的草鞋也不得不说，它是布朗族的精神象征。一双草鞋，用于穿戴，也用于传情。“阿老妹，打草鞋，不会打，学打来，会打了，你就跟着来”。这是一首关于打草鞋的山歌，当欢快的旋律响起时，布朗族姑娘们就按捺不住内心涌动的情愫，开始撕麻理线打制花草鞋。火麻是山里人必种的一种植物，它的种植历史久远如阿祖的那些老故事。清康熙《楚雄府志》里有此记载：“蒲蛮，山居火种，妇女织火麻布为生。”人们播下种子，收获麻秆，撕下一条条火麻皮揉搓，在纺织机上穿针引线，缝制出布匹制衣穿戴。在物质繁荣的今天，纺织机已经退出人们的生活，可人们仍用火麻来打制一件特殊用品，那就是花草鞋。它作为一种爱的媒介，点缀着布朗族人的生活。

明天启《滇志》载：“蒲蛮……婚令女择配……”可想而知，布朗族的社交与恋爱是宽松和自由的。到了情窦初开的适龄年纪，布朗族男女就开始参加一些民俗活动，彼此接触后如果投缘就开始了爱的旅程。以歌求爱，以花为媒，以叶传情……田间地头、坡头谷底，山歌随着白云飘飞，随着溪水流动：“对门看见绿芭蕉，大河涨水漫到腰。只要小郎合妹意，坐在河边等水消。”“对门对户对石崖，阿妹生得好人才。蒿子不挡蜜蜂路，快叫蜜蜂采

打草鞋是布朗族人必备的技艺

花来。”在你来我往中，山歌这根神奇的红线便把两个有情人拴在了一起。从此，姑娘开始了一项特殊的劳作——打制花草鞋。那一根根火麻就是情丝，散发着爱的芬芳。先用火麻线手编制作鞋底，再用红、绿、白、黄、蓝、青等七色编织成大小一致的镂空花状鞋面，最后从鞋尖到鞋跟的各个部位用多姿多彩的绒线球装饰，姹紫嫣红，煞是好看。手法熟练的姑娘不用几天时间就能做好一双精美漂亮的花草鞋，而花草鞋只能做一双。“小小草鞋麻打成，世上小郎有一人。一生只挨一人好，一双草鞋配一人。”花草鞋做好后，只等相送的那个美妙时刻的到来。

当爱情水到渠成时，男子开始了“夜访”。在夜色的掩护下，男方带着一颗火热的心来到姑娘的竹楼下，用三弦拨弄着爱人的芳心。“竹筒打水真情意，真情真意下真心。铁打心肝铁打心，贴心贴意贴着你……”动听的三弦，多情的歌唱，让姑娘心驰神荡。等小伙一番情真意切的表白后，姑娘才缓缓下楼来。这时，男子便送给心上人五色彩线、银耳环或者手镯之类的定情物。姑娘则捧出自己用爱心打制的花草鞋递给小伙，这双花草鞋将终生伴着小伙，直到老去。

彩线寄情、火麻牵心，花草鞋拴住了一对对布朗族男女的心，“家”从此诞生，“爱”就此延续。从这样的恋爱之花结出的婚姻之果，定是甜美的。花草鞋编织了真、善、美，造就了和谐、幸福的人生。从包头到花草鞋，这一套服饰，每个细节无不是在讲述一个民族的审美情趣、生存史、发展史、文化脉络、精神归属。

女人们在制作服饰

一套服饰，凝结着美好，汇集着智慧，也包含着真情。

2018 年 3 月，我代表布朗族参加了云南省第十三届人民代表大会第一次会议。参会前期，我特意从老家带来了一套特殊的布朗族新娘装。这套服装是叔妈当年嫁给老叔时的结婚衣服，压在箱底已经有 50 年了，半个世纪的沧桑未让它有任何的破损和褪色，依然那样的红艳炫目。布料是灯芯绒，

衣领的 12 颗银泡透着岁月淘洗过的光泽。叔妈说：“这衣服的料子是你阿奶买的聘礼，我亲手缝制的。”我摩挲着衣服，像触及亲人留存的体温。当年，阿奶是怎样翻山越岭去集市买回这块布料，通过媒人的手送到叔妈手中的；当年，叔妈又是怎样一针一线地在灯下缝制她心爱的嫁妆的；如今，我又是怀着怎样激动的心情穿着它走向会堂的，一件跨越半个世纪的新娘服饰连接着三代人难舍的情感。如今，我把它穿在身上，从那个小小的布朗族村寨来到了昆明海埂会堂。当面对记者的摄像机时，我说了这样的话：“布朗族服饰是祖先生产生活经验的智慧结晶，从一套服饰上，我们可以了解这个民族的审美情趣、文化脉络与生活环境。对于传统文化的保护，我们不仅要从这些制作和穿戴上传承，也要了解它背后宽阔而深邃的文化背景。”

如今，布朗族服饰已成了施甸的旅游工艺品，被越来越多的来客收藏。那些藏在岁月里的习俗，被一次次地提及与传播，一套衣服就在这些细密的针线、色彩的搭配、层层叠叠的穿戴、神话传说中将文化脉络悄然传承。

第四章

跳跃的河山

一、来自云端的音符

一个人站立在老家的大山上某个稍微开阔的地带，看着山下的枯柯河，那些河水呈现出夏季浑黄的颜色。远眺是凝固的粗线条，丝毫不见奔涌之势。极目之处，层峦叠嶂的山峰一座连一座，波浪一般涌向远方。这时，日头渐衰，白云如驹，大地之上的一切在日色的变化下保持着静态的延绵，大山此时是那么的宽厚和沉静。在这样远离闹市的地方待着，日子似乎总会显得漫长、寂寥、孤单。山野，一种自由的隔离，也是一个彻底释放天性的原始之地。这时的我对着叠叠青山、对着深邃蓝天，会生发出想

吼上几句的冲动，让自己的声音打破周遭的寂静，穿过群山，抵达天的那一边。这时的我，想到了祖辈们传下的那些遗落民间的山歌，那些歌带着一辈辈人的孤苦和快乐，传唱千年，如眼前的山河，历经了无数季节的更替，依然在光阴流转下跳跃着不朽的音符。

大山是静默的，花草树叶是静默的；而大山又是喧闹的，风过雨来，鸟鸣溪潺，一切都生动而鲜活。动与静钩织成了多彩的四季，大山是布朗族的领地，这是人们可以肆意撒野与编织势力的所在。在面对着亘古不变的河山时，流云以各种姿态在头顶缓缓飘过，一种旷达与寂寞交融的情愫总会涌上心头。在山野里独自行走，那些带着泥土气息的歌会像云雀一样飞落。人们在行走和放牧时，都喜欢用山歌排解孤独，恋爱时用山歌来传达情谊，搭白时用山歌来交流思想，甚至骂架时也用山歌来泄愤和诉说。所以，总会有那么清亮悠远的山歌飘过峰峦，在山谷久久徘徊，在野地上起起落落。那些或欢快或悲郁的旋律是山里人的一种心灵呐喊，以此抒发自己的悲喜，在空旷的山林恣意释放自我。山歌，很多时候就是放牧人的自我放逐。

从前，无论是在田间地头，还是在山林、水沟边，都可以听到布朗族人的山歌。在布朗族居住的地方有“只要会说话，就会唱山歌”的说法，每个人从记事之日起，长辈们便在各种节日活动中用唱歌的方式向他们传授天文、地理、历法、节气、种植以

及文学艺术方面的知识，山歌这本无字的书给予了布朗族精神的富足。布朗族的山歌太多了，灿若繁星。按套路所唱的叫“古本山歌”，有规定的词句和曲调，一般用于正式的场合。仅平时唱的“古本山歌”曲调就有数十种，如《采茶调》《送郎调》《栽秧调》《遗物调》《想男调》《访钱调》《蜜蜂调》《杀鸡调》《要物调》《采花调》《花鼓调》《踏歌调》《赶马调》等。这些调子的歌词大都是固定的，比如《要物调》的歌词：“一要天边小月亮，二要月

里梭罗根。一要礼物格是城里买来的玻璃镜，二要月里格是银匠铺了做出金子头上戴着那一根。”如固定的“十二属山歌”和“十二花名”等山歌内容，开头第一句都有固定的十二花名：“请你阿哥从头来帮破。”第二句则根据每月开什么花而相应提问。固定的“古本山歌”就是一本活的教科书，人们在唱的时候，其实是在说教，是对

于生命、生产、生活的另一种呈现。这固有的模式代表着祖先的谆谆教导和生活凝练，曲调与词句不可做半点更改。这样的延续使得古本山歌有了至高无上的权力，可以在野地唱，也可以登堂入室，在家里的火塘边唱。人们对于古本山歌，唱的时候更像是一种叙说，喋喋不休的叙说，叙说人生的经验、叙说万物的起源、叙说岁月的流逝、叙说做人的道理与尺度。这样的叙说，既带着仪式感，也带着随意的轻松感，让布朗族的精神世界安适恬淡。

与“古本山歌”相对的就是随口而出的“野山歌”，布朗族称之为“花花山歌”“跑马山歌”。这类山歌是即性随心表达的。所谓花花，便是形式多样，跑马，就是随意驰骋、随性表达，如脱缰之马自由奔放，想到什么就脱口而出。山野对歌时这是最佳的表达方式，得罪也罢，讨喜也好，只要畅快。对方如因此恼怒，会较劲地对上三天三夜也不罢休，最高级别的吵架就是这样，讲究而彻底。大山的寂寞和沉闷造就了许多谐趣横生的山歌，野性、直白、大胆、干脆、痛快、辛辣。这就是人类，“他们总是兴奋地从这悲愁惨苦的世界上摄取最后一分的快乐”（林语堂语）。那些呆滞的石头、流动的云彩、奔腾的河流、摇曳的树木、怒放的花朵、呼啸的山风、悦耳的鸟鸣，那些燃烧的夕阳、流散的泥香、雨后的彩虹、歌唱的溪流、撒欢的牛马，都会让人生出一种快乐，而这份快乐只属于大山和野地。我就曾在采茶的山坡听到过这样一段对歌，至今难忘，一个小伙先开腔：“对门对路对石崖，阿妹生得好人才。今天叫你亲一口，明天死了划得来。”“划得来”即划算的意思。姑娘恼怒那个野小子的无礼，马上回敬：“朝阳茄子红一半，背阴石榴五花心。想做姊妹下辈子，想亲你叫蜜蜂叮。”小伙子的唐突，姑娘的睿智，引来茶园笑声一片。在这里，没有顾忌和躲避，人性中最真实的部分往往展现在自然天成的环境里。在山野，人脱离了礼仪、规矩的束缚，没有众目睽睽的观望，没有熙熙攘攘的碰撞，便丢弃了作为社会人的各种桎梏，表现出真实奔放的那一面，人在与自然的交流中开启了生命的智慧，情感的表现也赤裸而真实。

对歌这种只有山地才有的交流形式催生了诸多的故事，演绎着太多的爱恨怨惜。有的人因为在对歌中相识相知，浓烈到一定程度便不管不顾结为夫妻。我们老家就有一对已逝的老夫妻，当年就是通过对歌，一对就不可收拾，最后冲破重重阻力走到了一起。女的是河外山的人，放牧时对歌认识了男的，因她是汉族，遭父母极力反对。那时汉族和布朗族基本上不通婚，自由恋爱更是遭到家族的打击和排斥。而旧势力总压不倒真感情，

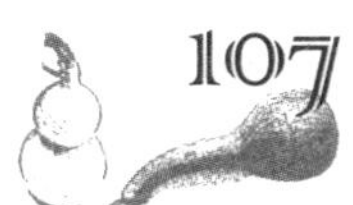

小伙每天把牛放到坡地，对着山那边就开始吼起来。那些勾魂一样的山歌，可以穿透人心。从互相打趣到彼此安慰，从试探到互吐真情，树叶绿了又黄，两颗心便在彼此的歌声里慢慢贴近。我无缘见到这对夫妻，只听到他们的儿女说“当年我母亲背负着不要脸的名声，也得不到亲人们的祝福，独自偷偷跑来和父亲结婚，都是因父亲的山歌诚心而有趣”。怎么有趣，如何诚心，不可得知。不过我想，那个逝去的汉族阿奶是最为睿智的女人，一个有趣而真诚的男人一定不会让你生活得太差劲。果然，老两口哪怕日子再艰难，也白手起家恩恩爱爱，相濡以沫地走完了一生。他们去世时一前一后只差一天，这样脚跟脚双双下葬的爱，真如那句山歌所唱：“金打扁担银打钩，哥是扁担妹是钩。扁担银钩不分开，你亲我爱到白头。活着你我同碗吃饭同床睡，死了也要同坑入土同墓门。”这样的誓言是唱着许下的，不带半点戏耍，许下了就用一辈子来履行，山里人对于爱也如同山一样稳重、千年不移。

对歌的主要部分便是情歌了，爱情是生活不可或缺的精神养分。在任何地域、任何民族，爱情都是这大地之上被永远歌咏的不竭之源。爱让人充满了希望与寄托，爱让人焕然一新、活力无限，只有爱，才可以让人在艰难中不懈地劳作、任劳任怨、甘之若饴。而大山的野地里滋生出的爱也带着原始的力度和蛮劲。那些像群山、白云、流水一样自然而生的山歌带着最天然的味道，也带着最赤裸的胆量。尤其是对情爱的表达，那么的肆意。我曾

在搜集布朗族山歌的过程中为这样的语言而惊叹，我惊叹于这些没有读过书却能把意思和意境表达得如此绝妙、把情感表达得如此彻底的人们，他们所创作的那些歌词是生活的历练，既真实、自然又洒脱、快意。

有一段情歌是这样唱的：“郎在坡头放早牛，妹在房中梳早头。郎在坡头招招手，妹在房中

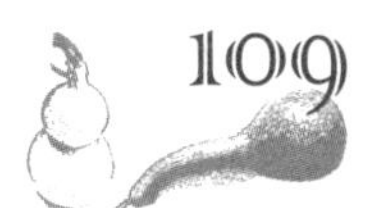

点点头。”很简单的四句话，白描一样便勾画出了一幅非常动人的场景，两个热恋中的年轻人在美好的晨曦中用各自的肢体语言默默交流，彼此心领神会并在秘而不宣中透出强烈的期待之情。让人听了便会浮想联翩，似乎可以想象到女孩子的娇羞，男孩子的迫不及待，那些俯首吃草的牛羊和竹楼中静心梳头的阿妹脸上浮起的那片红云……

还有一首情歌，堪称布朗族情歌的典范，我一直觉得这位创作者是任何语言大师都无法望其项背的。歌词如下：“月亮出来亮汪汪，跟着月亮克（去）找郎，背时月亮不等我，一脚踩进烂泥塘。月亮出来黄又黄，想郎想郎真想郎，吃饭想起郎模样，一连咬断筷三双。月亮出来黄又黄，想郎想得面皮黄，别人问我怎么了，我说伤风着了凉。”这是一个在热恋中却被迫分离的女子对情人刻骨的思念。歌词简单却能打动人，在叙述相思的苦涩中也透露出主人公深情而幽默的一面。月亮出来亮汪汪，那轮天上的月亮是那么的圆，勾起了人无尽的相思，而月亮却不听主人公阿妹的话，隐进云层，让找郎的阿妹踩得满脚泥浆。背时，这个词用得俏皮而无奈，把月亮拟人化了，更生动形象。吃饭时想起阿哥的样子，居然把筷子咬断，虽然夸张，却能理解这样的思念是何等的刻骨铭心。相思之苦磨人蚀骨，人也变得病病恹恹，而这时，内心涌动的浪潮只能拍打自己，无法示人，在外人面前只能撒谎说伤风着凉。这样的歌词直白中暗藏羞涩，隐晦中透出勇敢，将一个为爱痴狂的女子展现得淋漓尽致。除了女子，男子的相思

也让人过耳难忘："昨晚等你么你不来，我的妹，我烧了几抱大弯柴，抱个石头坐下等，哎哟，石头成灰也不来。上坡来么坡又高，我的妹，爬到坡头跌一跤，这跤不是哥想跌，哎哟，心想阿妹脚打飘。"几句话便把一个憨厚而钟情的男子形象刻画出来，爱情让人执着而慌乱，想到阿妹就心不在焉，连走路脚都打飘。爱情使人着魔，也使人痴傻。你不得不说，民间很多山歌能手的创作力与那些大山大江一样，有着鬼斧神工的魅力。情歌对唱中，则以"呃——呀这——麦罗"开头，中间配有"呃——啦呀——啊"的滑音，结尾有"呃——呀——或呕还——呕还——呕还"等折音、滑音。一咏三叹的歌唱，使得对唱悠远缠绵。

对歌也分很多种类，抬爱山歌（赞美与欣赏对方的）、苦情山歌（幽怨地哭诉）、戏耍山歌（彼此打趣玩耍），对象不同，情景不同、山歌也有所不同。作为布朗族人来说，"走夷方"也是曾经的生活必需，像多数的滇西民族一样，多数人在庄稼收成后，就结伴外出"走夷方"。夷方具体是通往中国、缅甸、泰国的边境地带。边境的贸易往来让夷方成为做生意的最佳之地。布朗族人为了获取那些所谓的洋火（火柴）、电筒、刀具和其他生活用品，不得不驮着物品开始漫漫征途。在那个封闭的年代，赶马人是享有至尊的待遇的，他们像勇士一样出征，冒着生死未卜的风险，为大家带回来稀缺的物资。所以，大家都对赶马人尊重有加，出行如送壮士，回家如迎贵宾，不过谁也不太愿意嫁给赶马人，俗语

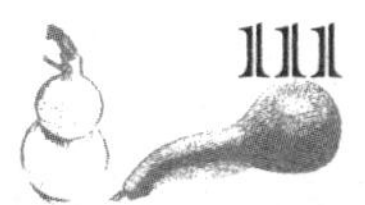

说："赶马郎赶马郎，常年四季不拢家，哪个要嫁赶马郎，被褥都会起霜花。"道尽了赶马人的苦涩，还有家人的寂冷。在这样复杂的境遇中，还是有那么一批年轻力壮的人愿意"走夷方"，外面的世界对于他们来说，诱惑太大了，而路途上的寂寞和痛苦又算得了什么呢？就算路途险恶，猛兽出没，或者土匪挡道，不知自己将会面对怎样的凶险和不测，也阻止不了他们外出的步伐。"叮当叮当，驮起小马下镇康。镇康爱我有谷米，我爱镇康的小姑娘。"这些欢乐的小调子是一种催化剂，让赶马人可以苦中作乐。

在林海中穿梭，那种孤独感有时会让人窒息。于是，有马帮走过的地方就有调子回响。穿梭于重峦叠嶂的大山中，这些调子是巫师，可以驱走寂寞、安抚自己，可以壮胆壮行、振奋人心。布朗族的赶马调应运而生。其中一首是这样的："大山开路大江让，赶马阿哥去夷方。头骡走的么錾子步，二骡脖铃叮当响。大辣太阳背着走，起身露水湿衣裳，欧怀怀，欧怀怀，打湿打湿么又晾干。"这是赶马人自己诉说途中的情景，白天黑夜地赶路，寒暑交替中，苦乐自知，不过，豪迈与无畏之情充斥其间。布朗族流传甚广的这首赶马调是以情歌对唱的方式来表达的。“说你阿哥，好吃不过锣锅饭，哎哟，眉花一笑，人家的哥啊，好耍不过出门人。哎，我的哥。”“说你阿妹，我三个石头支眼灶，就地扣个洗脸盆，哎哟，眉花一笑，天做房来地当床。哎，我的妹。”这首歌在布朗山算是人人会唱的一首，歌词表达出了一个女子对于赶马人的羡慕。在她们的眼里，能畅游四方、走出大山是多么的潇洒和快意。好耍，这一个词足以说明了一切。而作为赶马人的男子也顺应了这样的羡慕，把自己路上的生活用三句话来描述：三个石头搭起就可以做饭，挖个坑就当洗脸盆，更为豪迈的是天是我的房，地为我的床，多自在。虽然如此随意，却也流露出只有自己才知道的苦涩。“在家千日好，出门一时难”，赶马人出门的日子并不像乡里人想的那样，好耍也有不为人知的艰难。

这首歌曲调特别优美，旋律悠远深情，长长的尾音高高地迂回，勾人魂魄。唱腔上，除了具有圆润、委婉、明亮、清晰的特点之外，还有特殊的颤音与滑音。用布朗族民间歌手的话说，“圆润”就是折得起，“清晰明亮”就像小蜜蜂过江。我以前虽然无法理解为何旋律好听要用蜜蜂过江来形容，但遇到唱得好的也会赞叹说，有蜜蜂音。直到回老家，在老叔种的板栗地里休息时，看到了他养的一群蜜蜂飞来飞去地采蜜，顿时豁然。蜜蜂是布朗族身边最会歌咏的小动物，它们每天嗡嗡嗡地采集花蜜，这劳作之声，在人们听来是最甜美的歌咏，于是便将山歌唱得好的夸赞为

蜜蜂音。至于蜜蜂过江，我想也应该是那种嗡嗡声汇集起来有种穿透和回旋的力量。那些悠远的旋律便有此特质，可以穿透山谷、过江过梁，在林间回荡，甚至可以穿透耳膜，抵达人心，三日不绝。

苦情山歌是诉说的一种方式，一种释放的最佳出口，有点像委屈时的怨诉，也像吵架时喋喋不休、指桑骂槐的表达，一般是在诉说相思之苦、离别之恨和远嫁之怨。苦情，这个词特别有意思，苦涩的情感，这是人世间最无法割舍的一种疼痛吧。大到生离死别，小到委屈愁苦，人们用歌的形式来表达自己内心的痛，就像古人的唱词，任何的情感都以唱的方式呈现。布朗族也如此，只是这样的曲调要凄婉哀怨得多。

我在山地里极少听到苦情山歌，只有在出嫁的时候才看到过有人唱。哭嫁对云南的少数民族来说是很普遍的一种风俗，女儿要出嫁了，作为父母和长辈在出嫁的前一夜便开始用哭和唱的方式表达自己的不舍。按理来说，女儿喜结良缘，父母应该高兴，而对深居大山的布朗族，出嫁便意味着长久的分别。那些高耸的大山、奔腾的江河似乎变成了难以跨越的屏障，回一趟家不容易，在交通不便的过去，嫁得远一些的姑娘从此便是与父母天涯两望。看着自己辛苦带大的女儿即将成为人妻，即将到一个陌生的地域生活，即将肩负起一个家庭的重任，父母的担忧、焦虑和不舍便在哭嫁中尽情释放。

小歌手

儿时，我曾在老家楂子树看到过一次哭嫁，新娘哭得无法走路，伤心让她忘记了这是自己大婚的日子。她扶着家门，迟迟不迈步子，迎亲的队伍等候着，她一把鼻涕一把眼泪哭诉着，似乎经历了最痛的生离死别，我甚至以为那是一场丧事。出嫁的前一晚注定是无眠的，女孩子带着满心的期待，也带着对家人的眷恋，复杂的心情让她无所适从。父母亲看着即将离去的女儿，欣慰中也有诸多的酸楚。彼此的心境都矛盾和不安，首先是母亲抱着女儿哭，边哭边交代一些事宜，比如：嫁过去要好好招呼一家老小，要学会照顾自己，要懂得生活的节俭和不易，要持家有道，要团

结妯娌、孝敬公婆，要记得有空回家看看爹妈，等等。当交代结束后，彼此已哭得泣不成声了。这样的场面我见过两次，我惊讶于这样的哭诉，忧伤而不失礼数、失落却充满憧憬，这是人性中最为可贵的一面，在不舍和依恋中，想到的依然是教授女儿做人做事的道理，想到的是为对方着想的淳善关怀。在布朗族的家庭中，人们自我舍弃的东西太多了，宽厚与爱总是让贫瘠的生活永葆温暖的色彩。算计和自私离大山是遥远的，在这里，付出和隐忍是布朗族群体性情的底色。

母亲哭完，姨妈舅妈开始哭，各人站在各人的角度告诉新娘做人的道理、生活的道理，诉说离别的忧伤。哭嫁是一种变相的人生教授，这样的教授情真意切而终生难忘。哭嫁有《隔娘调》《隔女调》《哭哥嫂》《哭姐妹》《骂媒人》《哭出门》等诸多调路。这样的形式也特别有意思，有的嫂子也会借机和即将远嫁的小姑子哭上一场，将自己的境遇在哭嫁中哭诉出来。说白了就是指桑骂槐，说出自己的苦楚："不当媳妇你不知孝顺人，当了媳妇你才知苦滋味。"一个女人对于家庭的承担从哭嫁中就可以体会出来。难怪布朗族称哭嫁为苦情山歌，以前出嫁的女子大都是父母之命、媒妁之言，没有自主的婚姻。对她而言，婚姻充满了诸多的未知，命运叵测，不知道到了男方家自己会有怎样的生活。有的女子甚至对婚姻充满了恐惧和茫然，在哭嫁中，表达出苦涩和哀怨。

充满野趣的花花山歌只有在山里才可以唱，家里是禁止唱那些随心所欲的山歌的。家里是有所敬畏的场所，那些肆无忌惮的曲调在篱笆和围墙构筑的家里是被禁唱的。在家里，人们哼唱的多数是“古本山歌”，和那些旋律轻快柔和的小调。尤其是主妇们，用那些暖暖的歌曲来抒发自己对孩子、对家庭的爱。似乎每个民族都有属于自己的摇篮曲，那是母亲来自天籁的歌声，透着浓得化不开的母爱。布朗族也有自己的摇篮曲，在火塘边、在床边、在有母亲的地方，就有摇篮曲。歌词很简单，寥寥几句话却蕴含了母亲对孩子的舐犊之情。“妹妹你喏喏睡睡，妹妹你喏喏睡睡，阿妈克赶街街，阿妈克赶街街，买给你小花糖糖，买给你小花糖糖，嘟噜噜嘟噜，嘟噜噜嘟噜。”妈妈就是用这样简单的语言哄自己的孩子快点睡觉，去街上给孩了买心心念念的小花糖。这样的叙事儿歌流传了一辈辈人，哼唱至今，温情从小小的摇篮边、火塘边飘荡开来，像精神食粮哺育了一代又一代布朗族儿女。每个在大山长大的孩子，耳边都会回响着妈妈这样软软柔柔的哼唱。孩子长大了、成家了，他们也用同样的旋律、同样的姿态、同样的方式为自己的孩子唱起这首老歌。这是一种密语，你无法去修

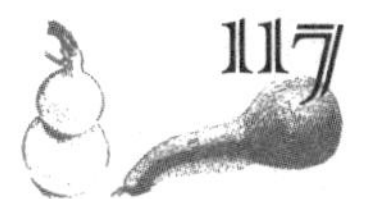

火塘边的弹唱

正和改变它，只要是布朗族，听到这样的歌曲，心里总会升腾起一股暖意，那是来自大山深处的母亲不尽的爱意和呵护。这首歌被改编了很多次，被无数次搬上舞台传唱，每次当我在台下聆听时，总会禁不住热泪盈眶，都会想到大山、火塘、炊烟和母亲。这一切具象的东西竟源于一段温暖的旋律。

当我再次回到老家，和一位已步入耄耋之年的歌手聊到山歌

布朗山放牧的老人

这个话题时，她浑浊的眼里闪过了那么一丝不易察觉的光芒，转瞬黯然，叹息说："老了，我们唱不动了，现在的年轻人也不会唱了，都听手机唱了。"是啊，现在没人放牧了，没人靠脚力行走了，没人会以山歌的方式传情达意了，电话、微信替代了所有的表达。大山的信号使得人们与外界保持着密切的通联，繁忙与热闹开始浸入山野。

我曾想：人是否只有面对寂寥与孤独，只有面对那些带给自己无限畅想的大地时，才会想方设法搜罗出各种乐趣、激发出无数灵感，来聊以慰藉和填补生活的空白？山歌就是这样的产物，人们舍不得辜负自己的情感，辜负这光阴之下的河山，于是便倾其所有，用歌的形式来给自己的生活添上那么一抹别样的色彩。山歌，是远古时代慢生活的精神盛宴，就像留声机是旧上海贵族的专宠一样。在那个一切都静谧、封闭、缓慢的年代，人们用无

穷的智慧编创出了诸多歌曲，谐趣横生、妙语连珠。那些流传下来的山歌像流淌在布朗族血脉里的因子，自然而然，根深蒂固，延续至今。这样的编创和传承是尊贵的，日月山川、花草树木、虫鱼鸟兽、天地万物，在人们眼里都可以变为某种音符。大地是一本敞开的书，人们不断翻阅，汲取着营养，让自己苦闷的生活过得有些许的滋味。这是一种难能可贵的活法。

如今，现代科技的加速发展，娱乐空间的不断拓展，人们在视听世界里甘心沉溺，势必会失去对自然最原始的触动和感受，失去天地带给自己的温度和质感，失去发挥想象的原动力。数码、影像、自媒体，这些带着金属感的词语会加剧人的急躁与不安。我们似乎没有闲暇静下来，面对这保持着恬静姿态的河山，面对光阴流逝下对于万物的怦然心动。我们的生活变得时尚而快捷，却粗糙而呆滞。在看似丰富的娱乐生活下，有一天人类很可能会丧失感动，丧失自我。

看着眼前的河山，想到凋敝的山歌，张炜的那句话浮于脑际：“当人完全躲避了粗粝的现实生活，收获的就只有浅表的哀怨和欢愉了。”多希望，当我们换了一种生活模式时，我们的精神依然强盛与繁茂。此刻，多想有那么一曲山歌清亮地在耳边响起，在山间回荡……

二、生生不息的踏跳

打歌就是围圆起舞的踏跳，带着随意的走动和甩摆，这样的自娱自乐是流淌在布朗族血管里的精神营养。在艰苦的生存环境中，在寂寞的大山皱褶里，打歌让人们快乐与释放，保有微不足道的幸福感。而正是这样的幸福，才使得他们在自然灾害与命运磨难中不懈地活着。如果布朗族是一株植物的话，打歌便是赐予他们活下去的阳光与水分。打歌像一场精神盛宴，让大山里的寂寞和苦楚在踏跳与音乐中挥洒殆尽，归于平静，安然接纳。

布朗族打歌统称“支乔”。打歌的由来有诸多说法，有传说是为了驱走魔障，人们一到夜晚便燃起熊熊篝火，围着火堆进行踏跳，边跳，边听巫师念咒；有传说是祖先们狩猎结束，为了庆功，也为了分享食物，大家便在火堆边烧烤食物，边吃边跳，祈求神灵保佑，可以再次取得大山赐予的食物。于是，这样的形式

只要调子吹响，打歌的步伐就不会停歇

慢慢演变为生活中的娱乐活动。不管何种传说，都带着布朗族对于自然的崇尚与畏惧，都带着对于美好生活的渴求与期盼，这是人类初始时的普世价值观。火对大山来说，是一种震慑，一对野兽、邪恶鬼神的震慑，火也是驱走黑暗与邪恶、带来温暖和力量的使者。在莽莽苍苍的森林里，火就是号角与神器，护佑人们狂欢。舞蹈对于一个在山地艰苦求生的民族而言，是一种对于苦闷的释放。任何一个民族，都会为自己的悲苦找到恰当的出口，而这个出口便是言语之外的肢体诉求。打歌便是这样的诉求。

用布朗族的话说："只要会走路，就会打歌。"歌舞已成为布朗族的一种生活状态。无论何时，这些能安抚人们的药总会带来意想不到的效果。在我的记忆中，最难忘的一幕就是儿时表姐背

着我去打歌。那是一家举办婚事的人家，宴席刚散尽，日头还早，很多年轻人已迫不及待地期盼着夜色的降临。这样的场合是喜庆的场合，也是谈情说爱、呼朋引伴的场合，小伙姑娘们打着火把从大山的各个角落汇集而来，用打歌这样的形式祝贺这对新人的结合。

那时的我不会打歌，害怕陌生人，可又向往着火塘边美好的音乐与热闹。表姐不由分说地将我背在了背上，围着篝火踏跳起来。害羞的我趴在表姐的背上，眯缝着眼睛偷看周边的人群。在火光的映照下，每个人都带着迷醉的笑脸，一圈、两圈，人们围着熊熊之火，跟着葫芦笙、三弦、笛子所弹奏的曲调迈着步子、甩着手，踏跳得地面升腾起一股股的尘烟。汗珠从表姐的脖颈滑落打在我的脸颊，在她逐渐潮热的脊背上我丢弃了自己的羞涩，滑下来加入围圆的队伍中，跟着她们高一脚、低一脚地踏跳。感觉天地之间，有种无形的力量牵引着我们的步子，那么的铿锵有力，那么的不知疲倦。那是儿时的我第一次融入我们的族群，融入这祖辈们生生不息的娱乐活动中。直至今日，我才觉得这已不是单纯的娱乐，而是一种信仰，对生产生活与生命的尊重和膜拜。

不管婚丧嫁娶，人们都得打歌。喜事打歌，是为了欢庆和祝福；丧事打歌，为的是祭奠与怀念。打歌有歌头，歌头负责祭祀和打歌的起承转合。一般歌头都是多才多艺的人，得会念祈福词，比如："今天三朋四友来朝贺，一贺主人家四季五谷旺，二贺讨

来媳妇儿孙旺，三贺寨邻之间来帮衬，四贺你家日子赛蜜糖……”这样的祝福词很多是即兴而成的，随口而出，有的也遵循着老辈人的套话，说上那么几句。人们喜欢听的是随性的祝福，那些具有脱口秀特质一样的歌头，总会赢来人们的阵阵欢呼，几句诙谐幽默的话瞬间就将气氛推向高潮。这时，讨喜是最重要的，歌头就是负责调解气氛和讨喜的，让主人家心甘情愿地添酒加肉，让大家吃得舒坦、跳得不知疲倦。

歌头除了有这本事，还得会吹拉弹唱，至少会葫芦笙和笛子。

一般具有这样特质的人都是男性，布朗族中，女子会的乐器只有口弦琴。这是最小而简单的乐器，用一片 3 厘米左右宽、9 厘米左右长的竹片即可做成，吹时用线拉扯，只能发出简单的两三个音符，像蜜蜂一样的嗡嗡声。一般的喜事，由“喜头”（打歌带头人）手抬猪头三牲围着四方桌打歌，并演唱《开场调》《猪头调》《果子调》《唱酒调》等。之后，无论男女老少，只要会唱的都会开口唱上一支山歌。年岁流逝，人们从单一的步子踏出丰富多彩的打歌套路。这些舞蹈是劳动者智慧的结晶，具有表现劳作的《舂碓

调子越重山

歌》《搓席歌》，具有日常生活形式的《甩腰歌》《踢脚歌》，还有生动展示动物姿态的《白鹇卡架》《鸽子吃水》《阉鸡摆尾》和《黄鼠狼掏蜂子》，等等。这些舞步生动活泼，动作以腿部为多，拧腰、拐膝、摆胯，动作幅度大小不一、若即若离。男子舞姿通常狂野，女人则稍显舒缓。这样的舞蹈带着对生产生活的提炼，对自然万物的模仿，形象生动。大地是教授我们的老师，它承载着给予人类源源不断的灵感，无处不在。就是“万物皆备于我”，才让布朗族的生命意识、审美情趣与自然融为一体，继而创造出了愉悦自己身心的舞蹈。1993 年，中国舞蹈家戴爱莲来访布朗山，她深入施甸县木老元乡的布朗族村寨，围着篝火打歌，赞叹地说：“布朗族打歌真美，参与其中有一种回归自然的惬意和展示自我的冲动。”我想就是这种冲动让人们忘情踏跳，一跳千年。

办喜事的人家在天井中央烧起熊熊的篝火，四方宾客就围拢

了，背着孩子的妇女，抽着旱烟的老人……人们动作统一，姿态各异。邻寨的姑娘小伙们举着火把也来朝贺，一路歌绕山梁，一路火把飞舞，一路把激情燃亮了黑黢黢的大山。打歌前，主事人手托猪头向天地进献，向来客致谢："三炷青香插在猪鼻心，三朋四友朝贺主人玩到天亮明。三年腊肉不走味，三年白酒甜到心。今晚哪个想吃猪头三牲只得玩到大天明。"这是主人家诚挚的邀请，也是来客们开心的所愿。只待礼数完毕，人们便迫不及待狂热地打起歌来。"阿表妹，打歌来。不会打，你学着来；会打了，就跟着来，会打了，就跟着来……"小伙子们邀约着心仪的姑娘，那热情和篝火一样燃得炙热。打歌场上欢乐飞扬，爱的火花也在噼啪绽放，人们尽情踢跺，尽情歌唱，这样的夜是美好而狂热的，每个人都把满蓄的情感统统倾泻而出。"一碗稀饭两碗肉（肉，在当地话中的发音是ru，和出押韵），打歌打到太阳出。"在火与酒中，夜不再绵长；在情与爱中，夜如此绚烂；在歌与舞中，人们狂欢至天亮。

"芦笙鸣，三弦响，男女齐聚打歌场。山歌声声篝火旺，欢歌笑语大家唱，阿哥阿妹手牵手，打歌场上情飞扬。"大麦酒斟满了，篝火已烧旺，吹奏声声，踏跳不息。有布朗族的地方，就会有打歌场，他们步伐铿锵，世世代代踏跳，不知跺歪了几座山梁。

三、招魂的乐器

可以说乐器是人类智慧的发音器，一根竹子、一块木板、一个葫芦乃至一片树叶，经过人们灵巧的双手那么一弄，便成了发出美妙之声的笛子、葫芦笙和口弦琴。人的灵性让本来毫无生机的“物”变成了勾魂摄魄的器具，这就是音乐魅力之所在。布朗族的吹奏乐器有笛子、葫芦笙，弹奏乐器有三弦，打击乐器是蛮筒鼓，而口弦琴应该属于吹奏和弹拨乐器。

我曾从一个年过八旬的布朗族老人手里接过她做的口弦琴，说琴，未免太夸大，其实就是那么一指宽、十多厘米长，厚度如一元硬币那样的竹片而已。竹片分两层，下面的一层由一根线拴住末端，人将竹片放在唇边，边吹边拉线。那是一种嗡嗡嘤嘤的声音，只有两三个音符。口弦琴制作很简单，演奏也没有太多技巧，靠人的气息和拉动竹片来发声，便捷而小巧，是女人专用的乐器，可以别在衣襟边，或挂在胸前，作为装饰。需要的时候，顺手便拿出来吹奏。口弦琴多数是未出阁的女子才佩戴，她们在放牧中以此来排解寂寞，也用来吸引那些藏在树林里的耳朵，有时就在这样高高低低的声响中催发出爱情的花朵。

葫芦笙、笛子、三弦是打歌最主要的乐器。一般场合，只要有葫芦笙，就可以围圆打歌。葫芦笙像一个巫师，只要吹奏起来，便吹动了人们舞动的步伐。三五成群便组成一个打歌场，一壶酒、一堆篝火便会燃起人们的熊熊激情。制作葫芦笙在旧时几乎是每

李建全（右一）在教授徒弟芦笙制作技艺

个男孩应该具备的手艺，只有会吹拉弹唱，才能成为姑娘们眼里的焦点。在打歌场，人们永远是追随着那些乐器手的，仿佛他们手里握着的不是乐器，而是权杖。

葫芦笙以葫芦为笙斗，细端穿孔接一长管为吹口，接管长 25 厘米左右。笙管用野青竹或泡竹制，有 5 管，长短不一，环列并穿葫芦腹部，以蜂蜡固定。每管靠近葫芦处开一按音孔，下端掏空为底部按音孔，插入葫芦内的管上嵌有竹制簧片。我曾到摆榔乡的火石地这个偏远的寨子找寻在这个时代仍然做葫芦笙的传承人李建全。他从小就喜欢吹奏葫芦笙，于是幼时便和父亲学习制作葫芦笙。葫芦的种子从入土那天起，他便开始了期待。等那一个个青涩的葫芦挂满了枝丫时，李建全就开始了选取，好葫芦就是一个好乐器。我看到他从选取葫芦到如何制作，全程在教授着弟子。当然，这不是一时一刻就可完成的活计，需要时间和耐心。看到他黝黑的手将蜂蜡涂抹在底部的笙管上时，我会觉得那近乎是一种虔诚的制作，那么细微的动作连同眼神，都那么的小心翼翼，专注的表情让他忽视了我正在旁边不停地咔咔拍摄。经过特别复杂的程序，葫芦笙做好了。一般情况下，做好的乐器在开始演奏前，李建全都要摆上点酒水以表庆祝，这看似闲淡的庆祝，实则是一场虔诚的祭祀。当我问及这是否就是一个祭祀时，他平淡地说："开音么要表示一下呢感谢诸神。"是啊，开音，这个词应该是对于一个物件另一种新生的表达。从一个闷葫芦到会发音的乐器，这本身就是一场彻底的改变。

第一个吹奏葫芦笙的人，一定是熟悉音律的乐手。他懂得如何将这件青涩的乐器吹奏得比较自如，他的手是有魔力的，任何一个葫芦笙在他的手里，都会绽放出崭新的光芒。就是在一场又一场、一次又一次的吹奏中，葫芦笙被赋予了新的生命。那些带着灰褐色包浆的葫芦笙，就是一个与布朗族的喜怒哀乐结伴同行的，有着生命气息的灵魂，它不再是葫芦，不再是物件，而是具

有温度的“人”。我们常常看到那些带着葫芦笙出现在打歌场的乐手，取下腰间挂着的葫芦笙时，就像取下他的伙伴，那么的协和亲切。

葫芦笙基本可以统率全场，那种悠扬、欢快，带着韵律感的打歌曲调，一经吹响，任何人都无法让它停下来。只有乐手，一个吹奏累了，另一个接上，一曲曲的旋律带动着一圈圈的舞步，人们在踏跳的同时，像在膜拜大地。

布朗族的弹拨乐器有“弦子”，因其有三根弦，形体小，又称为“小三弦”，长度在 60 ~ 75 厘米。琴身用整块硬木制成，下端挖空，蒙上蛇皮或猪尿泡做共鸣箱，安三根丝弦或金属弦。弹奏时，将琴横挂于胸前，琴头略高，左手虎口持琴杆，上下滑动换把，运指触弦，右手食指用弹、拨、轮之技法演奏。布朗族的吹管乐器较多，“打歌”用笛（箫）、葫芦笙、口弦等，婚丧嫁娶用打（唢呐）、号、大筒、羊角（牛角）号。布朗族称吹唢呐为“吹打”，吹打“一口甜”的技法，堪称一绝。一口甜，便是一吹到底，只要吹打的人一开腔，一曲调子便得吹完，否则便视为不吉利。一口甜全靠着吹奏者强大的肺活量与吞吐气的技巧完成。在办客事的人家里，唯一不撤的便是吹打手的宴席。吹打手一般是两个或四个，出双入对，代表吉祥之意。“打”一放到桌子上，主人的酒肉便上桌了，这是对于吹打人最高的尊崇。因为，办事的日程安排全靠吹打的曲调来进行。《迎客调》《进门调》《上席调》《撤席调》《出门调》《送别调》……这些调子是统领，调子起落，远处的人便知道办客家进行到哪个步骤了。调子无语，却能以旋律的方式告知彼此，这样含蓄而高雅的告知是如今这个信息化年代最昂贵的表达。人们踏着调子迎来送往，按部就班地运行着人生某种重要的礼仪，带着诗意的美好，也带着对生活庄严的仪式感。

而蛮筒鼓则是布朗族祖先传下的一种特殊乐器，它不为娱乐，只为祭祀。取一节蛮竹，将一面用蛇皮包住，手掌击之，单一和沉闷的声响是祖先与诸神沟通的媒介。蛮竹是生活必备的器物，言传，人们可以通过蛮竹达到与神交流的境界。人们只有在重要的场合才会敲打蛮筒鼓，比如全寨子的祭祀活动，比如捍卫土地和

家园。我从没有在生活中见过敲鼓的场面，有的只是传说。从祖先们的口中知道，远古时每个寨子都有蛮筒鼓，都由长老来举行这样的仪式。

直到 2004 年，施甸编排了大型歌舞剧《金布朗》，编剧从老人们的口口相传中找到了这种曾经作为祭祀打击乐的鼓的影子，将蛮筒鼓

阿福有吹响了迎客的大筒

传统歌会

搬上了舞台。我是设计道具的成员之一，在画鼓身时，我们选择了木龙作为布朗族的图腾。这源于民间流传的传说和诸多故事，都与布朗族的栖居地——木龙元有关。四个月的编排，当《金布朗》正式公演时，那段《激情蛮鼓》彻底震撼了我。在阵阵雄壮的鼓声中，一幕幕人们祭拜天地、祭拜先祖、开疆拓土的场景让我想到了布朗族人在漫长的历史长河中，虽然被征讨过、被追逐过却依然对万物充满了爱，膜拜自然、开垦大地的场景，想到了他们这块土地上的生生不息、荣衰交替，想到了在无论多艰难的环境中布朗族负重前行的生活。那种苍凉悲壮之感一时间涌上心头，泪顺着脸颊流下，舞台模糊一片，而那声声蛮鼓，时隔多年，至今犹在耳畔。

第五章 烟火深处

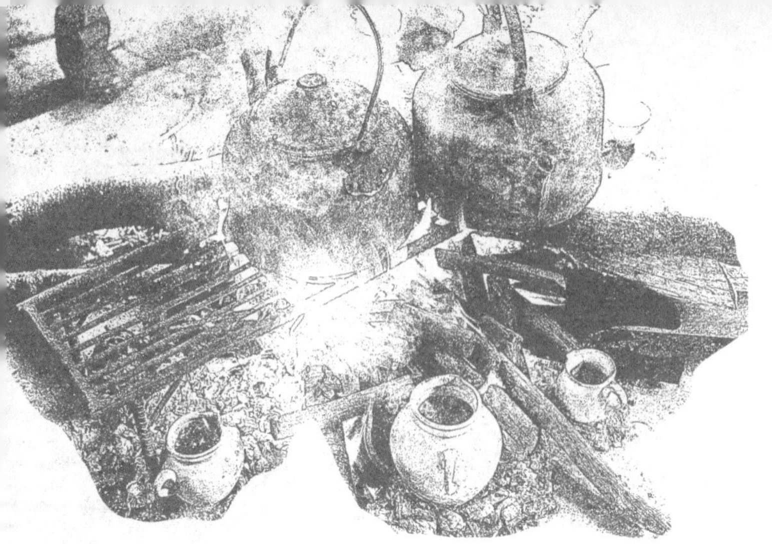

一、食之滋味

一个民族的历史，最不可回避的便是赖以生存的食物。食物是给予他们生命延续的根本，而很多时候，人们的辛劳、付出、交换甚至争斗，也常常是为了进入口中的食粮。从糊口到将食物做得有滋味有花样，这是一个漫长的过程，需要财富与生活经验的积累。于是，在特定的环境下，在历史的进程中，形成了具有地方特色的饮食习俗。布朗族常年深居大山，海拔在亚热带和温带地域，这决定了他们的主食来源。布朗族人常常说，苞谷喂大的人骨头会硬一些，荞麦喂大的人性子会柔一些，野菜喂大的人爬坡会猴（能干）一些。这些话听着没有任何的科学依据，不过也从一方面说明了，人们对于食物的辨析与依赖。

在大山生活的人，水稻是奢侈品。要有平整的田畴、丰沛的

水源，才可以让人们在大地的腹地开疆拓土，以梯田的形式来栽种水稻。而布朗族生活的怒江东岸，水是稀缺的，只有那些将种子随便丢弃在地里就能靠着顽强生命力拔节开花结果的庄稼，才是他们的最爱。譬如苞谷、荞麦、旱谷，就是具有这种特性的庄稼。这些能在艰苦环境里完成一生使命的植物，便自然而然成了布朗族人赖以生存的朋友。

苞谷是主食，在有土的地方埋下一颗苞谷种，只要有雨水洒下，不过几天就可钻出一株翠绿的小苗。人们在有限的坡地撒播着种子，也撒播着对于口粮的希望。只要没有天灾，苞谷基本上可以圆满收成。这时，骡马和扁担是不可或缺的，由人力将苞谷撇下，一包包地装入竹箩里，驮在马背上，运回家。没有马匹的人家，都靠着自己一步步地艰难攀爬，一担担、一箩箩地背挑回去，坡地上洒下了人们耕耘的汗水。运回家，这只是一个开始，剥苞谷、撇苞谷子、晾晒，才可入仓。在布朗族家庭里，一个主妇必须具有的基本技能便是打苞谷面，从苞谷到苞谷面，也需要很多程序，筛选、入磨，再细筛，方可成为做饭的苞谷面。苞谷面做成的饭，我们称之为“面果儿”。从苞谷面到面果儿，除了需要体力，还需要技巧。儿时家里人多，十多口人吃饭，阿奶得一大早就起床，然后挑水、打面果儿。一个蛮竹编制的簸箕，直径1米左右，将细软的苞谷面掺水后在簸箕里被反复捻揉，打碎，来回筛拨，最后被筛滚成细小如米的颗粒。这些闪耀着金色光芒的苞谷粒，是一个主妇汗水和时间的凝结。5斤左右的苞谷面兑水之后，重量倍增，来回筛拨数百下，这其中的艰辛可想而知。小时候不知道清晨从厨房传来的那唰唰声包含着阿奶不为人知的辛劳和爱。我试打过面果儿，常常因手无力气，或掌握不了轻重平衡，而将面撒泼出来。看着那些小小的面果儿在簸箕里翻滚跳跃，高高筛起又乖乖落入，我曾羡慕阿奶那双厚实而粗糙的手，她该多有魔力才能将这些面打碎得如此均匀和细小。长大了才知道，这是天长日久的磨炼与付出的收获。这样的主食使得每个主妇都有如神助，千锤百炼的生活技能让她们的额头挂满了晶莹的汗珠，和手中透着金色光芒的苞谷面粒一样，贵若珠宝。新媳妇得会打面果儿，这是一项最为基本的生活技能，如哪家讨娶了媳妇，大家总会问："一簸箕可以打多少人的口粮？"打得多，打得细，说明这个媳妇在娘家是善于做家务的。

筛制好的面果儿放入蒸笼里，大火开始蒸煮，40分钟便可蒸熟。一股股香气窜出蒸盖，弥散开来。炊烟袅袅下的草房最是温暖，那里有一个勤劳的母亲，那里有一群可爱的孩子，那里有一个和睦的家庭。面果儿需要热腾腾地吃，这样才软糯。一旦冷下来，就变得僵硬而糙嘴，很难下咽。所以，如果有外出干活还没有及时回来的家人，阿奶总要把蒸笼一直炖在锅里，为的是不让那股热气散去，保持着面果儿的柔软。20 世纪 90 年

打面果儿

灿若黄金的苞谷饭是儿时最美的记忆

代中后期，随着人们生活的不断改善，白米逐渐替代了苞谷面果儿。那些打面果儿的簸箕也另做他用，每天清晨的唰唰声也消失殆尽，苞谷面成了人们喂养家畜的主食。时隔多年，我仍然想念那股热气，那是一个家族互爱互惜、一个母亲无私付出、一个年代虽苦却温暖的永恒记忆。

苦荞，是另一种主食，这种植物让我想到的是那些质朴而纤柔的女子，隐忍地生活在

大地的角落。我想很多时候，那些炊烟之下的房屋中便有一名叫“苦荞”的主妇，在操持着一家的冷暖。苦荞可果腹，也可食疗，那种丝丝的苦意像一个母亲所背负的艰难，但它所带给人的是实实在在的温暖和补给。我们喜欢栽种苦荞，它没有苞谷那么甜香，却始终是山里人的最爱。苦荞喜在温良之地生存，但高寒霜冷它亦是不怕的，有土就会生根发芽，开花结果。苦荞磨成面，做成粑粑，叫苦荞粑粑；苦荞舂细，在蒸笼里蒸熟，便是苦荞饭。人们变换着方式，让它更适合肠胃的需求。塑一个苦荞粑粑，烘烤在火塘上，那种略带煳焦的气味就会弥散开来。拍拍粑粑之上的灶灰，细细嚼，苦荞的香气就会在唇齿间漫开。

父亲说，他小时候每次放牛或随阿公狩猎，阿奶总要在火塘边烘烤几块苦荞粑粑作为干粮给他，可以吃几天都不会坏。后来，父亲到远在 30 多千米外的坝区求学，每次外出，这些苦荞粑粑都装满了他的背包。那些透着烟火气息的苦荞粑粑，让父亲在饥饿的年代里饱尝了温暖和母爱。因求学，父亲认识了同在一班读书的母亲。母亲是汉族，虽生活在坝区却自幼丧母，家庭贫困，从小就肩负着她那个年纪难以承受的生活苦楚。她是在苦水里泡大的孩子，饿肚子是常事。父亲常常把带来的苦荞粑粑分给母亲，同学之间的怜惜和友谊就在这柔软的苦荞粑粑中升温。长大成人后，他们结为夫妻，至今相伴了 50 年，母亲常常在我面前提及读书时，父亲偷偷接济自己的事情。她说：“其实那苦荞粑粑冷下来硬得很，却很醇香，是那个年代里吃到的最好吃的食物。”我想，这样带着情谊的食物，滋味永远胜于饕餮。

与大山为伴，野菜便是布朗族的主食，那些在山涧深谷、坡地沟壑中的野菜汲取了天地精华，是大地无私的恩赐。鱼腥草、树头菜、竹笋、野薄荷、蕨菜、菌子……每个季节都会源源不断地冒出来。鱼腥草和笋子是布朗族最喜欢吃的野菜。鱼腥草的根和叶都可以食用，根部节状带须，有一股浓烈的鱼腥味，不会吃的人会被这股气息呛得皱眉，难以下咽，而吃惯了的人却越嚼越香。在制作吃食方面，布朗族总是保有着食物最本真的滋味入口，洗洗拌点水豆豉就可以了。水豆豉是本地的一种腌辣食品，用黄豆发酵后晒干，再加入井水和各种作料腌制而成。

大山就是一个天然的食材供应库，长期的野地生活让人们学会了食疗，在那个缺医少药、远离医院的年代和地域，如何找寻到带有药效的食物是祖辈们的智慧结晶。用鱼腥草治好腹泻，用野薄荷治好喉疾，用车前草消炎止痛，用芸香草排毒，每一种野菜都是上天派来解除病痛的使者，也是大山里最可爱的子民。野味在满足山民们的口腹之欲时，也最大限度地把健康植入人们的体内。

大山里，各种食材物尽其用，人们总是想尽办法采集这些可以进入肚腹的食物。只要能吃，任何的植物都可以变成盘中餐。布朗族的餐桌充满了野性，花花草草，鸟兽虫鱼，天地万物，皆为其用。布朗族在吃这方面显得略微粗糙，果腹是最重要的事情，其他位居次要。所以，布朗族在饮食制作上简单直接，无太

多的花哨，一道菜放少许的盐进行水煮或煎炸、烘烤即可，保有原汁原味的特点。不像傣族，也不同于佤族和景颇族，善于用各种调料增加食物的滋味。除了生菜，人们还喜欢吃生肉。我想最初吃生肉是在鸿蒙时代茹毛饮血形成的饮食习惯，经过了时代的更迭与进步，布朗族却依然保有这样的饮食习俗，不得不说其对于生肉的热爱是超乎想象的。如今生肉的吃法也颇为简单，把猪宰杀后取其背上的两条脊肉剁碎，放入事先备好的酸腌菜水中，数分钟后待其变白，加入花椒、辣椒、盐搅拌，加两样特殊的作料——土味精和盐酸果儿，上桌即可食用。本地人称此菜为“水生”，布朗语称为“腦古咻迺”。

据说，远古狩猎时代，人们已发明了火种，懂得了熟食。一天，一个猎人有幸打到了一只麂子，他像往常一样将猎物最好的肉割下捧到山神树下去供奉感恩时，恰巧一阵风刮过将树上的盐酸果儿吹落到肉中，那几块淡红的麂子肉逐渐变白，回到家一尝，味道特别鲜美。猎人找来那些果子放入肉中，拌上作料，酸爽可口，便成了一道美味的佳肴。人们觉得那是山神赐予的美味，于是便将吃生肉的传统保留至今。盐酸果儿就是一种大树的果子，其果粒细碎如小葡萄状，一串串垂挂在树杈上，果子坚硬而味酸，是制作“水生”最好的酸水调料。

土味精是香胡椒根，这样的植物生长在滇西的丛林里，不知道学名是何。我想最先发现这种香料的人一定是耕地的老农，或者是跋涉的猎手。它深埋在土里，刨出来，褐色的根部便有一股奇异的香味——类似胡椒味，所以当地人便给它起了一个名字——香胡椒。这种香料是凉拌生肉的必需品，取其一小节根部，用刀细细刮下那层褐色的皮，香气就溢出来了，那些细碎的皮屑使得“水生”鲜香可口。这道菜至今仍是施甸境内最负盛名的杀猪菜，也是布朗族招待客人必不可少的一道佳肴。除了嗜爱生肉，布朗族也喜欢生猪血，将生猪血发酵后变为“酸猪血”，布朗语称为“图乌难”。每年冬季宰猪时，用鲜猪血和先前晒好的萝卜丝，加入各种配料，拌匀装入陶罐里，两天后用适量清米汤倒入浸泡

在水生上刮点香胡椒根，这道菜立即有了灵魂

萝卜丝，再过半月便可取出食用。生食可加辣椒、盐、味精等配料拌食，也可蒸了吃熟食。

这些或从动物身体取出的，还冒着热气就下口的生肉，或经过腌制发酵后的酸肉，都是布朗族的最爱。这似乎像布朗族的个性，执着纯真，简单直接。每当和外地人说到生食猪肉、猪血，他们总以一种目瞪口呆的神态说："真血腥呀，这么野蛮和不安全的吃饭，你们就不怕吃出人命吗？"我戏谑答道："猪都是自家一瓢一瓢用苞谷喂养长大的，没有吃过污染之物，肉质放心。"其实，这个问题我也想过，祖先一直延续下来的这种饮食习惯，是暗藏着一定的危险的。只是在各种作料的腌制下，伴着酒，或许会杀死一部分生肉本来带有的病菌，所以无数辈人吃了都没有发生危险。他们从不考虑面前的食物会不会潜藏着危险，像猛兽对着自己狩猎而来的食物一样，这样的担心显得那么多余。

在没有任何冷藏措施的年代，如何存放肉质食品也是人们生活技能的一种考验。用油炸干后封存的办法好是好，只可惜在那个缺衣少食的年月，油太金贵了，很少有人家会这样奢侈地保存肉类。大多数人家会用烟火熏烤后保存，将新鲜的肉食用盐腌制后，挂在火塘边，每天找蒿子来熏，直到熏得色泽发黑，才移至阴凉处，这样的肉食可以存放几个月而不腐坏。烟熏过的肉带着烟火和青蒿的气息，香气充盈，吃的时候，仿佛是在咀嚼火神调制的佳肴，妙不可言。腌制，也是保存食物最常见的一种方法。每年年初，宰杀年猪后，猪排骨便被腌制成了姜鲊。这是将剁好的排骨、姜丝、辣子、花椒、盐巴、胡椒、茴香、酒等诸多作料揉捻在一起。腌制好的姜鲊鲜红透亮，香气十足，被一层层压在土罐中。吃的时候，掏一碗炖在蒸笼上，饭熟，姜鲊也可以吃了。这是布朗族最喜欢吃的一道菜，咸、辣、麻、香，极其重口味。除了蒸熟吃，还可以用来烩炒芭蕉心和蕨菜等野菜。姜鲊是每户人家桌上不可少的菜肴。只要杀猪，每家每户都会腌制几大土罐姜鲊，以备一年之需。

布朗族嗜茶，家家户户有茶园。温凉地带除了种苦荞，便栽满了茶树。要说从什么时候开始种茶，老辈人总会这样回答：“有人的时候就有茶了。”茶是与人一起来到这片土地上的，久远得无从说清楚。而史料记载，布朗族的确是云南最早种植茶叶的民族，可追溯到公元前 5 世纪，以僚、濮为主的部落组成句町国，其国盛产茶叶。那时，布朗族先祖认为：留下谷米给子孙后代，谷米会有吃完的一天；留下牛羊，牛羊会有死绝的一天；留下茶树，年年春天可采摘，世世代代就有吃有穿了。于是，便将山坡种满

布朗族少女采茶

了茶树。那一层层的坡地上遍布茶的绿毯，每到春来，茶枝冒出一个个嫩芽，人们开始了采摘春茶的活路。最好的茶是一芽两叶，一个嫩芽下刚舒展出两片翡翠般的小叶子，采摘这样的材质做出来的茶，汤色清亮而碧透，味道柔润而甘甜。古茶树是宝物，那叶子的墨绿，是被岁月之手调制出的色彩，浓重持稳。在我眼里，这些茶树每一寸的生长都历经了时间的慢慢煮熬，所以无论是从外形还是色泽，整体都透着厚重之感。用这些茶树揉制成的茶叶也透着格外的清香，回味更甘，汤色更纯。它们的根系延伸四方，像一张铺向大海的网，直抵深处，于是便汲取了更多的矿物质和微量元素。这些来自泥土深层的营养源源不断地上送到繁茂的叶

子上，使得这些茶树有了特殊的滋味。而当我摘到一片鲜叶揉碎后如圣物一般捧到鼻前时，一股苦涩的味道袭来，这让我不得不佩服先人对于这一饮品的精妙发掘，使得它挥发出自身最原本的滋味来。

人们采摘回来鲜叶，倒入锅内进行翻炒和杀青，这项工作我们称之为炒茶。茶叶的水分在热锅的烘烤之下逐渐散失，青色也被揉弄消除，完毕后将茶叶拿到簸箕上揉搓，搓好便晾晒。太阳是神器，它将茶叶的水分缓缓蒸发，注入另一种天然的香气。人们用手把那些生涩的茶叶梳理和加工后变成了充溢着清香之气且提神解渴的饮品，变成了白瓷杯里的一汪碧色，变成了一些人生活中不可或缺的爱物，这的确奇妙至极。

山里的日子寂寞而漫长，于是布朗族喜欢喝浓酽的烤茶。来人来客，茶是最好的接待饮品。布朗族喝茶有自己独特的方式，喜欢用茶罐来煮茶，布朗语称“尔笼浩”。茶叶无须分优劣，只要滋味扎实。随便抓上那么一把放进土罐里，在火塘边烤，等那一丝丝茶味窜出来时将已经滚好的开水冲进罐里，“吱”的一声白烟升腾，接着扑腾扑腾的声音在茶罐里翻滚开来，茶香顿时弥散了整个屋子。这样的茶也叫“雷响茶”，那一声“吱”如闪电，翻动的茶水声便是滚滚雷声，这样的喝茶方式让人有种霸气和快感。喝这样的茶，需有熊熊的火塘、咂着土烟斗的老者和那些翻山越岭的鬼神传说，不然，喝得便不扎实。不知是何人给这样的喝茶方式取了这么一个贴切而生动的名字，生活与自然的完美就统一在这个名字里了。

烤茶味浓而色重，茶水红黄色，那一股股扑面而来的香味，会勾动人畅饮的欲望。可这样的茶叶是不能多喝的，多了会让人醉，如高度酒一般，醉了就昏昏欲睡了。我喜欢倒上半杯浓茶兑上开水稀释一下，这样浓淡适中而润口，茶香中透着一股股火烟的味道。这样的味道常常让我想起与阿公在一起的那些岁月，想起阿公在火塘边讲的一串串故事，想起火塘边的那些熟悉而陌生的面孔。阿公说茶淡了不如不喝，连盛茶的器具都是大土碗，劳作回来，一碗浓茶便可将疲累消退一半。人们待客用茶，祭拜用茶，讨亲嫁娶用茶，出门上路也带着茶，治病也用茶，茶成了布朗族生命中最为重要的东西。这浓得化不开的滋味苦中回甘，人们喝茶其实是在喝自己酿制的岁月，虽苦犹甜。

布朗族喜欢喝酒，大米、苞谷、苦荞、大麦、甘蔗……人们将可酿酒的食物都融进了这项发明中。布朗族的酿酒史无从考证，不过我想从有生活场景的那天起，这项技能一定会随之而生。甘蔗酒，布朗语称“伊丑”。这酒浓香异常，打开酒罐，一丈开外就能闻到香味窜鼻而来，着实诱人。此酒价格低廉，深得乡下人的喜欢。不过这酒浓烈，稍不留神就醉了。甘蔗酒不管是香味还是浓度，都是重口味的，一般是血性汉子的爱物，山里人的脚板需要有满怀的豪气才可丈量这些延绵不绝的高山峡谷，只有高度酒符合他们的品格。儿时，在老家楂子树常常看到那些劳作归来的汉子，用还沾满泥土的手倒一碗甘洌的酒一饮而尽，甩袖一抹嘴角。这酒魔法般让他们肌肉里注入了无穷的力量，干起活来霍霍有声，也把一天的疲累燃烧殆尽。

乡间，无论是红事还是白事，喝酒总是少不了的。逢事人家总会请一个酒锅头，提上一大壶酒，挨桌倒酒。而酒锅头本是当地极爱喝酒也极会劝酒之人，与生俱来的豪爽与酒一拍即合。喜事人家，酒锅头倒酒时兴起还会来上几句诙谐的小调，惹得一团团笑声四起。有时也会被别人一挑衅和撮合，便不管不顾，自己先醉了。有酒的地方总是喧闹和热烈的，人们需要酒在喜事中调节气氛，娱乐欢庆；需要酒在丧事中壮胆使力，安抚心灵。酒让乡人找到了一个发挥自我最好的途径，快意而彻底。有时酒也是一种麻醉剂，有些男人喝酒后便整天萎靡、烂醉，继而偷懒耍滑，

不下地干活。于是惹得女人牙痒，吼道：“不干活么拿什么克打酒吃！”而男人混不理，睡上三天再说。母亲特别不喜欢父亲老家的人这样，她经常说，酒醉烂瘫不是过日子的生法。于是，她动员家里的侄儿侄女不能喝酒，或少喝酒。她是站在一个长辈的立场，以劳作勤俭为根本的坝子人的角度去看问题的。但她的苦口婆心没有起到什么明显的效果，人们依然延续着爱酒喝酒的习俗。虽然也有少数人因酒耽误生产劳作，却也活得下去。所以，我很欣赏父辈们的喝酒方式：解乏，驱寒，释放压力，适可就好，并没有谁会酩酊大醉而误事闹事。

亲朋好友欢聚共享年猪饭

阿公曾经用葫芦装酒，他每次出行打猎或买卖时，阿奶总会把他的酒葫芦灌满。需要时，阿公总会抿上几口。在密林里生存，酒是必不可少的，并不是仅仅为了壮胆和驱寒，也为了在意外时，对伤口进行消炎。所以，酒葫芦和猎枪箭弩，曾经是一个猎人外出必要的配搭。阿公就曾经被黑熊袭击，手臂上的一块肉被熊掌撕下。他忍着剧痛，用酒处理伤口，血染红了那只酒葫芦。那个年代，阿公靠着猎杀，为全家 28 口人的饱腹翻山越岭，历尽艰险也差点让自己成为野兽的食粮。后来，阿公老了，酒葫芦便挂在了火塘边上，时刻陪伴着他。每天，在熊熊的火塘边，他也会把葫芦取下来，咕一口酒，品咂着逝去的岁月。再后来，阿公的坟地上长满了白茫茫的草，他的酒葫芦被老叔存放在了楼阁上。老叔也爱喝酒，荞酒、甘蔗渣酒、大麦酒，他都喜欢。用自家山头栽种的植物酿造的酒，像一种注入了力量的魔法水，让人对于家园的眷恋上了瘾。一辈辈的人就在这土地上跋涉、耕种、收获，然后得到微乎其微的一点点享受，人们在酒的抚慰下得以延续。没有酒，山里的日子是难熬的，在坝子长大的母亲，不懂得酒对于一个山地民族的重要性。

在温凉地带，洋芋是必种的作物。这种可以做菜、可以当主食的食物，长期占领着人们的餐桌和饭碗。洋芋吃法甚多，煮、炸、烤，任何方式都会让它尽显美味。刨开土壤，洋芋像一个个可爱的孩子滚落出来，三五成群，跳入竹箩里。在老家的山地，柴火架上灶了人们才到房后找菜下锅，摘一把青菜、刨几个洋芋，不紧不慢地做饭。洋芋最好吃的方式是切成坨状，与腊肉一起放入土锅里煮。煮的时候加入苤菜，土锅放置在火塘边，不加盖，火苗蹿出，土锅沸腾的汤汁与火舌交汇，发出“吱吱”声，似乎这样的声音便是美食形成的声音。当屋檐下的光阴向西移动一尺，洋芋汤便煮熟了，白糯浓稠，香得连看家的狗都蹲在厨房外久久不愿离开。孩提时，外出放牛，阿奶便将水豆豉装在竹筒里，这是最好的调料。在山地里，刨出几个洋芋，找点柴火，把带着泥土的洋芋埋入火堆中。等牛羊在山坡啃食饱了，把火堆扒开，洋芋便熟了。找个小棍，敲打一下外皮，轻松掰开，将豆豉涂在洋芋上，就着热气入口，那香味会让人觉得这个世界如此美好。

野竹笋破土时，也是人们味蕾源泉快乐流淌的开始。将笋子摘下，剥去笋壳，露出白胖的笋身，切成丝状，加入少许盐巴，放进罐里，两个月后便成了酸笋。酸笋是最好的调味品，可以煮鸡，可以与别的菜蔬一起烩炒。煮鸡时放入酸笋，油而不腻，再加上火塘边烧好的煳辣椒，那滋味真是人间一绝。到布朗族人家做客，这道菜可算是大菜。野竹笋是大地给布朗族最好的礼物。家家户户在野笋发出的时节，都要腌制酸笋。酸笋放入土罐中，时间可长达几年之久，而味不变、色不改，取出来依然白嫩如刚刚从野地里挖出来的一样。

芭蕉也是布朗族最喜欢的食物之一，这株用全身奉献给布朗族儿女的植物。叶子当遮阳避雨的工具和盛放食物的器皿，树干可作为原始而传统的猪饲料，芭蕉花可以做菜，芭蕉可以吃，最重要的是芭蕉心是一道上好的菜蔬。这也可以从史籍中找到布朗族先祖们对于芭蕉的依赖，《普洱府志》中有载："蒲蛮，……常耕种为业，剥蕉心煮食，以当菜蔬。"剥出的芭蕉心白糯光滑，带着玉一样的光泽。切成碎片，下锅后炒熟，加上布朗族自制的

姜鲊，脆脆的、香香的。我最喜欢这样的吃法，带着浓厚的乡愁。每次吃到这菜时，我的心总会飞回大山。

芭蕉和蛮竹一样，都是布朗族的朋友。在坡地上，郁郁葱葱都是它们的身影。在父亲儿时，家里就种有上百亩的芭蕉，每到芭蕉成熟时，外地的小商贩会带着马匹来购买。因频繁的贸易往来，阿公和商贩们成了至交。那时，父亲学会了数数和算账。有一次，从仁和来的一个商贩到家里收购芭蕉，刚好阿公和阿奶不在家，父亲就接待了他。商贩看着父亲小小年纪却把账算得清清楚楚，很是叹服。于是，商贩问起有没有读书，父亲摇头。等阿公回来，那个商贩就对阿公说："你儿子那么聪明，不读书可惜了，让我带他到仁和去上学吧？"阿公早有这个念头，于是爽快地答应了。第二天，父亲便跟随着商贩的马帮到仁和求学，走出了布

鱼腥草是待客必不可少的野菜之一

朗山。那个商贩后来也成了阿公结拜的唯一一个汉族兄弟。每次说到这段历史，父亲总说，知识改变命运是有道理的。

我儿时常常跟着姑妈到山地劳作，归来时她总要砍一筒芭蕉树，那粗大的芭蕉树干，压得她小小的身躯步履艰难。我像一只快乐的小鸟，一时跑上前，一时落在后，陪着她从热带河谷攀爬长达 2 千米的陡坡回家。年少不识愁滋味，我是以玩的方式陪着我的亲人们艰苦地求生，而姑妈却很高兴我的上蹿下跳，她负重前行，依然笑呵呵面对我的无忧无虑。那样的场景在今天步入中年的我来看，竟是温情中泛起难言的苦涩。每天清晨，我总会被一阵阵“唰唰唰”的声响唤醒，那是人们在剁芭蕉树干，准备家畜一天的食粮。此起彼伏，清脆的声响蔓延了整个山寨，一切都醒了过来。

我曾不止一次地想，饮食是一个民族历史文化、地域风俗、群体性格的另一种呈现，布朗族的生活条件决定了他们只能到山野中去开发食材，而刀耕火种的生活又迫使他们不得不将食物做得简单而有滋味。先祖们最大的智慧就是如何在填饱肚子的同时，还能最大限度地让舌尖保持爽快。身体因劳作散失了太多的盐分，需要及时补充，因此口味浓重是必须的。所以，在腌制肉食中需得添加大量的盐巴、辣椒和花椒，一是使食物不易变质变酸，二是让口感更好，三是能在那个肉食紧缺的年代俭省着下饭。简单而快捷的烹制决定了布朗族的饮食构造。一把辣椒丢进菜里，滋味便出来了，洋芋、茎菜、腊肉一锅胡乱炖起，各种香气的碰撞

↑野菜破土

↓腌萝卜丝鲊肉，存入罐里，以备一年的吃食

让汤汁有股浓郁的醇香，食物的获取粗糙得没有任何技术含量。祖祖辈辈们便是在随心的获取下，在炊烟的升腾中，过着简单、温暖而有滋有味的生活。

二、山居“一步楼”

地无三尺平出门就是爬坡，这样恶劣的生存环境决定了布朗族的建筑风格，所以，建房成了考量人们力量与智慧的一件大事。祖先们依照山的坡度来建造房屋俗称“一步楼”，也就是传统的干栏式建筑。这样的干栏式建筑因地势而建，房屋依靠缓坡，在倾斜地以木桩支撑。将楼层搭建于坡地的优点是可以减少地面的处理工作，放火烧荒后就可以建房，而且满足了住宅防潮的实际需要，也解决了气温较高而需降温、通风的问题，还利于排水。而院子则选取在陡坡之上一块稍微平整的地带，这是山地民族依据自身居住环境而建盖的智慧之屋，一般分为两层，上层住人，下层关牲畜。上层分为 3 格：正中一格为堂屋，是用来供奉祖先神灵的地方；左边一间为卧室，右边一间设火塘，为饮食待客的地方；火塘旁边有床，来客可在此住宿。木料一般是红木树、栗树与松树。而石头、泥巴、竹子、枯草是备料，一切建房材料皆取自山林。随着时代的发展和人民生活的改善，这种建筑形式已逐渐消失。

建房也有讲究，除了看地势，还得看风水。所谓的风水，不需要精准的计算，只需要有生活经验的老人，对山形、地势、水土观察后，指定一处便可以动土。动土是需要仪式的，祭奠山神土地是必要的。我曾听到过这样的祷告语：“山神土地，动您的皮，您罢怪，本人要安个小家；动您的肉，您罢恼，本人要遮风避雨。

有米么供您，有酒么供您，有茶么供您，有肉么供您。一家老小上付您，火塘搭起么上付您，牛羊成群么上付您。保佑我们基宅牢牢些，子孙昌盛些，出入平安些。”念着这样近乎耳语的祷告，让人觉得山神仿佛就在身边，是你最值得信赖和依靠的那个人。

布朗族传统的“一步楼”

动土之后，基础完工，接下来便是竖房子了。竖房子是将选好的木料组成房子的框架，得

要有经验的木匠负责指挥和穿斗。在布朗族看来，木匠是一个受人尊崇的职业，各家各户立房建屋，缺少不了的就是木匠师傅。除了建盖房屋，他们还肩负巫师的角色。“出木器”就是供奉木神和鲁班师傅的一种祭祀活动，木料经剖皮、割据、推平后一根根串斗成屋架，安放在地基之上，只等竖房。竖房前一晚就是“出木器”的日子，除了准备香火、纸钱、米、肉外，木匠和主人作揖祭拜就可，无须更多的讲究和花哨。想来，木神是最懂人间烟火的，与灶老爷一样，将自己栖居在百姓的点滴生活里，亲切而有人情味。主人叩首跪拜，百年基业需要虔诚而慎重地祷告。竖房这天，木匠在斗好的屋架之上念咒语，香火缭绕，仿佛似乎木神就在四周游走，维护着家宅的安康。匠人的祈祷决定了这家人入宅后的平安，匠人的手艺也决定着房屋的牢固程度，所以，一个优秀的木匠是备受大众敬仰的。曾经，谁家有男孩降生，大人首先关心的是四肢是否健全，这是将来从事木匠行业最起码的资质。“匠”，这

个字始于木工，背筐装斧者，而如今已泛指那些有一技之长的人，不过，都离不开手与心的雕琢和创造。“天旱三年饿不死手艺人”，人们对于木匠的职业有着近乎迷信的追崇。而现在，我看到的是那些静静被覆上尘土的器具和濒临失传的手艺，让人唏嘘。

竖房这个词是我们这里的俗语，很具象和生动。把房子像树一样立起，房子其实也是一棵树，只不过是被分割后重组的“树”而已。竖房子是一个家庭的大事，也是一个寨子的喜事，只要寨子有人家竖房子，人们会像过节一样涌来。大部分人家为表示对主人的庆贺，会带上一筒米（大概 3 斤）、一包糖。男人出力气活、挑抬木料、竖立梁柱，女人们则洗菜煮饭、招待客人，大家不分彼此。竖房是需要吆喝的，主事的人在木匠师傅的安排下，像作战一样，安排人各负其责，牵拉的、端抬的、维持稳定的，只待一声令下，大家便铆足了劲将串斗好的屋架安置地基之上。男人们出力气的吆喝声在整个村寨上空久久回荡，有种愚公移山的气势。房子竖好后，大功告成了，主人便爬到屋架的中梁上挂一封鞭炮，撒着早就做好的米粑。人们在底下欢抢，抢到就是福气，整个院子，在烟火的气息中透出的是热闹与和顺之气。

房子竖好后，便是砌墙，传统的房屋建筑大都用土坯墙。用土砌墙的有两种，一种是夯土墙，另一种是泥巴竹耙墙。在没有任何现代建筑材料和器具的年代，这是一种生活的智慧。就地取材，土是最可用的造房材料，土质的好坏直接关系到土墙的坚固性。人们选用最粗实的蛮竹，破开，每根大概有 5 厘米宽，然后将破好的一根根竹子纵横交错编成一块块的竹篱笆，竖立在地基之上，用韧性好的草和土掺和上水后将草泥巴敷到篱笆上，一层层便成了遮风挡雨的墙。厚实的土墙围成了家，屋子里便有了暖暖的气息。火塘的烟熏火燎让土墙涂上了灰黑的色彩，这些色彩沉淀了岁月的尘烟和人间的悲喜，黑得发亮。在屋里，有竹子的味道、火塘的味道、泥土的味道、烟草的味道、米酒的味道、野菜的味道、牛羊的味道，一切融合而成了家的味道。这样的味道需要日积月累而成，包含着人的体温、家的体温、天地的体温。这些体温只有在土屋生活过的山里人才感受得到，他们的根原来

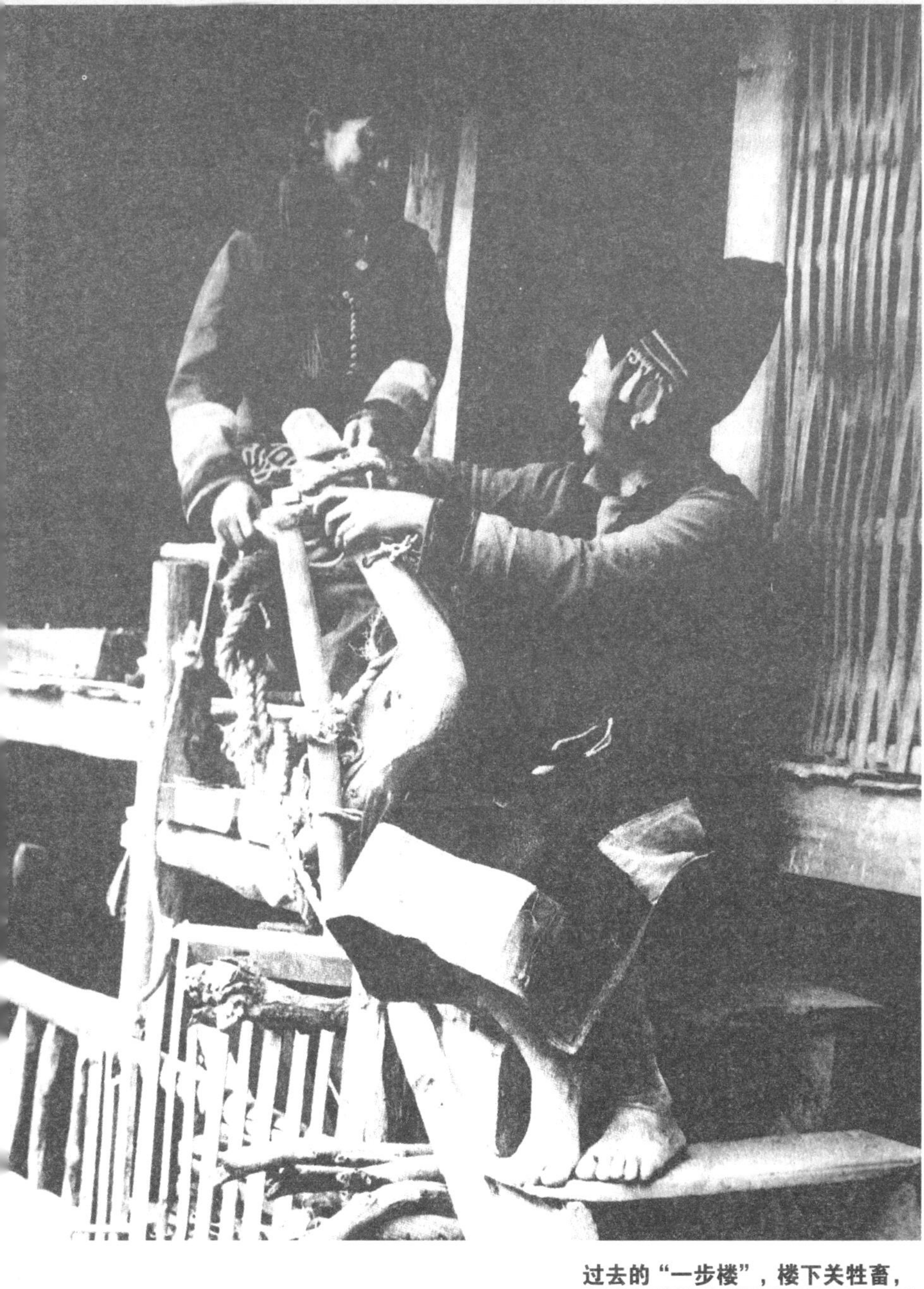

过去的“一步楼”，楼下关牲畜，楼上住人

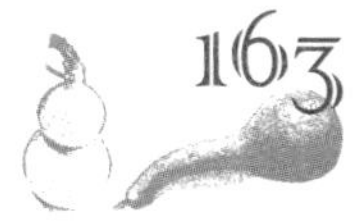

就在这样的气息中深深扎入大地。山里的夜是围着火塘过的，孩子们很多时候会在火塘边烧着蚕豆、苞谷，听着长辈摆古（讲故事）。那些噼啪作响的火苗，带着一股神秘的力量，把孩子们的心牵引到了远方。

每次回老家，我都会和表姐住在她的“一步楼”上。楼板是竹笆铺成的，走在上面，脚步会使楼板扇动得嘎嘎作响，让人隐隐地不安。其实无须担忧，竹笆两层铺在楼楞上，牢固而安全。楼下就是牛羊圈，牛羊的粪便味，青草的气息，会一股股地往上

钻。表姐的床铺也是竹笆铺成的。傍晚，牛羊归圈，山寨静下来，火塘的光从竹楼的缝隙透出，时隐时现。我钻进她的被窝，看着她在微弱的灯光下一针一线绣着鞋垫，白天坡地上的花草都在她的针线下活了起来。她边绣边和我讲放牧的趣事，我听着她的讲述，听着火塘噼啪的声音，听着楼下小羊咀嚼草料的声音，听着远处隐隐约约的狗吠，想着白天在放牛时惊起的那群野鸡，眼皮开始沉重起来。此刻，月亮出来了，把一抹银光洒在了河山上，一切如水一般恬静。而如今，表姐远嫁他乡后病逝，那个小小竹楼里曾经的欢声笑语已落入尘埃。我每次回去，都会去看看，人去楼空，而那段美好的时光永难忘怀。

入夜，火塘便旺了

三、悲喜婚嫁

对于婚姻而言，布朗族是相对开放的。在那个闭塞的年代，布朗族就尊崇自由的婚配了，但是由于地域等因素的影响，基本上是族内通婚，直到解放后，才逐渐开始与他族通婚。

适婚男女有的通过在节庆活动中相识相知后结为夫妻，有的则是听从父母和亲戚的媒妁之言，有的是在放牧中对歌而两情相悦、自由婚配，也有很少的一部分是自小定下的亲上亲（表兄妹结亲）。不管何种形式，对于恋爱与婚姻，布朗族算是自由的了。在大山生活，有种天高任鸟飞的洒脱，自然环境决定了人们思想的开阔和随意，而在某些程度上也限制了人的选取，毕竟受同族通婚与地域的限制，使得布朗族的选择面狭窄。如今，随着时代的发展与思想的解放，布朗族也同其他民族一样，在包容与接纳中，让婚配走向更广阔的空间。就我小时候生活的楂子树这个有30多户人家的村落而言，年轻人娶外地媳妇的比例从20年前的1%～2%上升到如今的50%以上。随着婚恋观的改变与时代的发展，让布朗族的婚姻从桎梏中走出来，更包容与开放。30年前，对于我的父辈们来说，几乎不和外族通婚。我的父亲是其中最早与外族通婚的一个，那也是在外地工作的缘故，当时还遭到各种压力。而父母终究冲破束缚走到了一起，至今历时53年。

婚配之前，当男女双方已经彼此中意，或者选定彼此作为对象了，这时就会互送定情之物，男的会送女孩子耳环、手镯、布

料之类的装饰品，而女孩总会根据男子脚的尺寸打一双花草鞋，收到彼此的信物，一般就定下终身了。

婚姻是布朗族的一件大事，它决定了一个家族的传承，所以显得隆重而特别。媒人是必须的，男方 2 个、女方 2 个，大家坐在一起商谈，像两国来使一样的慎重和有仪式感。礼数尤为繁多，

哭嫁

背新娘

一般从恋爱关系确定到结婚要经历 9 道程序，从“说姑娘”“压酒罐”“对口”“大媒”“小媒”“要日子”到结婚前一天的“过礼”，均由男方父母及媒人抬上米、盐、肉、酒、烟、茶等物品到女方家说亲。从前，因交通闭塞，往来不便，布朗族妇女一旦嫁出去，很少回娘家。所以在当地，除了烦琐的说亲程序外，新娘在离家时通常都要以哭的方式诉说离别的哀伤和不舍。哭嫁从结婚头一天便开始了，新娘依次跟舅妈、姑妈及好友哭别，最后母亲抱着即将远嫁的女儿痛哭一番。哭是宣泄、不舍、释放，也是喜悦。

迎亲路上

临行时，母亲为女儿打扮一番，穿上早已准备好的大红色对襟长袍，领口和袖口绣满了鲜艳的花朵。包头上缠着五色珠链，外套一个长长的黑布尖包头，新娘胸前挂着一面镜子和一把剪刀，手撑一把黑伞。而陪同新娘的姑娘们也换上了花色艳丽的服装。迎亲出发之前，新郎由舅爹、舅妈、姑舅、姑妈为其挂红三道，即用红绸斜挂于胸前，寓意红红火火、将来子孙满堂。迎亲队伍由新郎、伴郎、伴娘、月老夫妇及吹打手组成。吹打手在整个婚礼

送亲路上

过程中吹奏不同的调，俗称“七十二调”，如：迎娶时吹《迎新调》，新郎出门迎娶时吹《出门调》，路途中吹《过山调》，进女方家则吹《进门调》，而后吹《迎亲调》《候客调》《会新调》《礼貌调》《欢喜调》等，准备回新郎家时，则吹《隔娘调》《哭娘调》，等等。熟知调子的人一听便能知道婚礼的进程。

到达新娘家后，新郎在伴郎的带领下，便在陈设着灯花蜡烛的桌案前举行参拜仪式，向新娘家的祖先、天地、父母叩拜。磕头时，新郎、伴郎右手拿着一块青布，布朗族人称磕头布，先把

磕头布左右连甩三下，然后单膝下跪磕头。当仪式刚结束时，屋里有人喊："啊呀，新娘不见了！"屋里屋外顿时一阵混乱，于是人们便四处寻找新娘。不一会儿，新娘便被几个姑娘拖着"找"回来了，这叫"躲婚礼"，新娘躲的地方事先就有人知道，躲，带着羞涩与不舍，也带着含蓄的期待。接着，新娘便由伴娘等人簇拥着，跟在迎亲队伍后向新郎家走去。在迎娶时进出门都得放响炮，布朗族人称"三出四进"，意思是出门顺利、进门吉祥。迎亲途中，遇山神得祭拜，过水沟便由伴郎背新娘过去。新娘到了婆家当天不能吃婆家人煮的饭，需自己从娘家带来，他们认为把娘家给的福禄带在身上，以后日子才顺畅。迎亲到家时，伴郎便向伴娘索讨装嫁妆的箱子钥匙，如果伴郎机智、能说会道，且礼节周全，伴娘便会痛快地把钥匙交给对方；如果礼节怠慢，伴娘就会给对方出难题，借此打趣一番，惹得众人笑声不断，这道程序称为"讨钥匙"。"讨钥匙"的过程有趣而富有戏剧性，有的伴郎和伴娘就是在"讨钥匙"的交锋中相识相恋并最终结为伴侣的。这也体现了布朗族注重礼仪和幽默风趣的民族个性。结婚当晚，新郎新娘得向天地祖先磕头，然后依次向月老、站堂（主事人）、亲戚长辈、父母磕头敬酒。完毕，入夜由打歌头率众举行打歌活动，打歌时也唱调子。这时，主事人抬着猪头三牲进献天地后徐徐开口唱："开口一声要把主人老小来上付，开口二声上付三朋四友每个人。双手接过猪头三牲来上敬，三朋四友朝贺主人玩到天亮明，三炷青香插在猪鼻心，猪头三牲抬在肩头上。抬着三牲绕三圈，打歌打到大天明，大家老小来尝猪三牲。新罐满酒还没开过头，今晚打开大家来尝新，三年腊肉不老味，三年白酒甜到心……”

就这样，人们在唱与跳中，享受着主人家的美食美酒，欢腾到天明。这个时候再打一个《天亮歌》，也叫《回头歌》，所有打歌的老人、孩子、姑娘、小伙围着桌子倒转三圈后，打歌才圆满结束，而新人们的生活也如山上的朝阳一般冉冉升起。在整个婚姻仪式中，带着人们对生活的虔诚，悲欢离合中不失趣味，也祈

求着圆满。喜怒哀乐都在这一场小小的婚礼中得以尽情演绎，人生的另一场序幕就此拉开。

四、生死隧道

世间绝大部分的人都有目睹过生死的经历，我第一次接触到“生”是在懵懂儿时。其中一些情景像那些镌刻在记忆中的永远抹不去的纹路，清晰而又完整。老家的那间四合院里，陈旧的墙壁上贴的是下凡的七仙女，董永挑着担子衣袂翩跹、笑逐颜开，担子两头兜着粉扑扑的一儿一女，七仙女与董永正迎面相逢。色彩缤纷，透出春天的蓬勃与欣喜。我们几个小孩时常在这画下嬉戏、玩耍，肆意地消磨光阴。有一天，一大早就听说隔壁的家门叔妈要生产。在我生活的那片土地上，人们对于“生”总是怀着不能说出口的忌讳，似乎这个字眼里藏着破碎和不祥，总会用别的更家常与温暖的表述来替代，比如“领”“添”“养”之类的。“你们家添了个什么？”“领了个拿锄头把的。”“养了个挑水的。”话语中尽显老百姓的隐讳。几个年长的婆婆聚集到院子，烧水的烧水，扯布的扯布，絮絮叨叨的话语穿插在这些忙碌的迎接生命的场景里。叔妈所住的房间门帘严实地遮蔽着，人们出进都会留意遮盖一下，掩上房门，仿佛是在做着一件不能被人知道的事情。孩子和男人是不能进去的，姑娘也是，只有那些结了婚、有过生

育的女人才能入内。这扇门坚定地隔离着两个截然的所属，不容置疑，让生产这件事情变得神秘而遥远。

叔妈的婆婆我们称之为叔太，一双解放脚撑着一副清瘦的身板，一件青布斜襟衣长年累月总不离身，头发梳得让高高的发际命悬一线。叔太是个做事麻利而谙熟民间生活的女人，知晓俗世的门门道道。她安排儿子带着香火纸钱和刚宰杀好的鸡去寨子外的青树边上付各位神仙，有桥神、路神、山神、水神、田公、地母，还有家里的灶神，让各路神仙保佑叔妈顺利生产。阿叔回来时，抹着一头大汗说给叔太："都上付完了。"叔太焦灼的脸稍稍释然，接着在自家门檐上挂上了一株仙人掌和一个水瓶，边挂口中边嘟嘟囔囔，与空气私语交流。据说仙人掌是挡路盾牌，小鬼大鬼不敢靠近产妇。水瓶有特殊的象征，如同观音手中的净水宝瓶，可以消灾避难，保佑孩子顺利降生。那个年代，空玻璃瓶是珍贵之物，貌似白兰地的酒瓶子，细长的瓶身陈旧得有些发黄，连里面的水也感觉透着浑浊的色泽。我们这些孩子全然不懂大人们忙碌中暗藏的担忧，不知门里和门外的人都在历经一场生死较量，一味跟着大人屁颠屁颠地跑来跑去，一心只想叔妈快点生产。只要孩子出世了，我们就可以吃上冒着热气、甜得黏嘴的白酒鸡蛋。孩子们的兴奋在那时掩盖了大人们的忙碌。

保佑一方平安的“塞”树如一位慈爱的母亲

不一会儿，房门里面隐约传出了断断续续的呻吟，时高时低，接着是一阵阵“哎哟”的呼喊，那呼喊像被某种东西压住又拼命挤出，低沉顿挫，紧张的气氛瞬时罩住了院子。叔太出出进进，端水倒水，眉头紧锁，脸色暗沉。阿叔在门外呆坐，搓着粗大的手掌，仿佛这样的搓揉，会搓出他想要的物件来。屋外的几个老婆婆也走进走出，低语着议论什么。整个院子就剩下了屋里叔妈痛苦的呻吟和屋外人急切的等待，这里的空气仿佛被凝固了。呻吟越来越急促，我和一个小伙伴也被眼前的情景震住了，那种想

吃白酒鸡蛋的渴盼在大人们的种种怪异举动中迅速失散，不再走动，安静下来。“赶快去磨剪刀！”叔太跑出来一声大喊，阿叔一骨碌跑去厨房。磨刀声、呻吟声、嘀咕声、脚步声混杂交响，恐怖席卷了院落。时间在等待中拉长了，日头快偏西了，状态依然持续。从接生婆口中知道孩子不好出来，叔太开始在院中烧纸叩拜，老叔也跟着下跪，口中不断念叨，隐隐带着哭腔。我站在他们身后，从纸钱燃烧的火光中感觉到了扑面而来的惊悚与莫测。

院子又陷入了诡异的安静。不久，随着房内叔妈一声叹息式的喊叫，接着是微弱的婴儿哭声响起，那猫咪一样的哭声仿若号

每户人家添丁都要向神明祈祷

角般让屋外的人为之一振，大家如同被解开了枷锁，立马轻松起来。“领了领了！领了个抹粉的，不轻易啊，脚先出来，竖着出娘胎啊。”接生的老太太踮着小脚出来贺喜。叔太一脸淡然回道：“哦，蒸茶做饭的丫头啊。这样的折磨人，就叫竖生吧。”一个生命艰难出生了，一个名字随口也诞生了。叔太转身去了厨房，忙碌再次开始，我们如脱缰般撒欢起来，立马跟着去，蹭吃蹭喝。

从那以后，几乎每天我都会跑去叔妈家吃糖鸡蛋。叔妈的肚子瘪下去了，那个曾经快撑破她肚皮的小人，如今被捆成粽子状放置在她身旁。这个叫竖生的婴儿整天闭着眼睛，仿佛累了，一直在睡。生命的降生原来是这样的惊心动魄与神奇。我们风一样地跑去看小妹妹时，叔太总要交代，进房之前，得去厨房走一趟。她说：“孩子小，你们这些野孩子到处跑，别把外面不吉利的东西带进来。去厨房一趟，灶王爷会把那些脏东西吓跑了。”生活似乎无处不埋伏着我们看不见的杀机。这是发生在母亲老家的事情，时隔 30 多年，那一幕还是新的。

对于生命的降临，人们会有很多的禁忌，像呵护一棵刚刚发芽的树苗一样，小心翼翼。入夜之后，大人就交代我们不能到有婴孩的人家串门，这会惹来麻烦。听说，有人赶夜路回来，才到院里落脚，小竖生就开始啼哭不停，幸亏是叔太烧香砸米之后，孩子才乖乖入睡。在乡下，人们的日常生活中总会有某种神秘的力量潜伏于四周，有庇佑、有入侵、有赐予、有掠夺，善与恶两股势力也在我们看不见的领域里做着不懈的斗争。香钱纸火如同

食粮一般是必备之物，用来祷告、驱散或者庇护之用。人们相信，纸钱的燃烧，青香的燃烧，烛火的燃烧，都会让祈愿得以通达那个神域，都会让一切邪恶戛然而止。香火，是人们的精神护甲。

叔太说人有阳气，人多，阳气旺、家族旺，诸事就顺。而顺的前提是“生”，是人丁兴旺。这多像是春天的开场，熙熙攘攘，只有这样，才能有秋天的满树金黄、硕果压枝。在变幻莫测的自然与未卜的命运前，在那些不为人知的黑暗角落里，“生”是一种打破、宣告与侵占，而“生”也带着自身的忧患与弱小，带着随时被扼杀的危险，于是，祈愿和忌讳便成了民间惯用的捍卫之法。人的渺小需要依附祖先的想象与创造，依附那个冥冥之中空气一样的，却能保障呼吸的强大的神性系统。这个系统，让人们遵照世俗之流，不敢越界半步，用尽烦琐的手段与程序来极力维护。

这世间除了生死皆为小事，生死贯穿人生，任何民族对于生死都注入了各自的理解和诠释，用不同的观念待之。作为布朗族，生与死代表着生命不可跨越的坎，是一种飞跃与重建，是命数的昭示。“先定死，后定生。”这是人们口中常说的一句话，带着阴冷的恐怖与莫测的神秘。“生”，是出生与开端；“死”，则未必是结局与湮没。生死之间，仿若倒置，也似轮回。

在我的祖先看来，一切生命都是起源于脚下的这方土地。生前离不开土，死后消融在土里，他们是大地的儿子。与土地的一生相依，让“生”也带着些许的另类。孕妇分娩之前，家人总会

在产妇的屋子偏房挖一个土坑，让她坐在土坑之上生产。孩子呱呱坠地那一刻，第一时间便是与土亲近，身体粘上泥土，说明这一辈子便可顺顺利利地长大。土养万物，一切动植物无不是依存于土而生长、生活的，土最终是养育人的。布朗族人用这样特殊的方式，让儿女的身体脱离母体之后第一个接触的便是大地，土生土长。就是这样，布朗族人生下那一刻已将自己交付于厚土了，大地成为布朗族人的第二位母亲。这种感恩，使得人们与天地保持着血亲一样的关系，彼此慈爱厚待。由此，在老家，任何方式的“动土”，如开垦、建房、修桥、铺路、开挖，都得祭拜与上付，喃喃之声，像对一位长辈请示般，语调柔软而低沉。“地皮”，这个词就是人们对于土地最有温度的称呼。土地的皮肤，大地是有血肉和皮骨的，情态盎然。万物如此，人类只是依附于其身上的一个孩子而已。

挖个土坑给孕妇生孩子，那是希望有土地和山神的护佑。土坑如同大地一双厚实的手，接住了新的生命，并赐予其力量。长辈在挖坑时，会念念有词，祈祷土地、山神来相助，保佑孕妇平安生产。孕妇分娩，如果遇到不顺，接生婆便会吩咐家人，把家里的所有柜子门打开。开门，暗示着走出和通达。我曾想，祖辈们对于出生做出的这一举动，竟带着哲学思想。出生，开门，门户对于一个人而言，意味着独立和获得，也意味着危险和未知，走出是那么的重要。孩子的出世，也是走出母体的方式，母体的门户与大地的门户、家的门户如出一辙。打开所有的柜子门，这样呼之欲出的动作也会让产妇带有某种期许和宽慰，无形中赐予力量。而不管人们采取何种方法，因生产死亡的事情时有发生。阿奶说，旧社会时的女人，生产是过一次鬼门关的。在老家，有这样一句话：“生娃娃，就是和阎王爷隔着一层纸说话。”这话总能让我想到叔妈生产的情景。老家远在山区，在交通不便的年月，受生活习惯与生存条件的限制，让医院成了遥不可及的地方。接生婆便是医生，只有寄托于那些祖辈们流传下来的习俗，上付神灵、开柜、开箱子、念咒祈福……用尽人们与此相关的一切办法来应对。

孩子呱呱坠地，长辈总要用温水洗刷一下孩子的身体，并留有一部分血污。孩子刚刚从母体出来，还未完全适应外面的世界，需要有个循序渐进的过程。布朗族人认为，留着母体带来的东西，会让孩子有能力抵御陌生世界一切污秽的侵扰，好养活。好养活，这就成为对于一个初到世界小生命的最重要的期许。

在那个缺医少药的年代，在偏僻的布朗族山区，养活一个孩子是一件艰难的事情。阿公的第一任媳妇，就是因为生养了三个孩子都夭折，自己气血亏损加上悲伤过度，也随之而去了。那是阿公最为惨淡的一段人生经历。他埋葬了逝去的亲人们，抹干眼泪，继续在世间赶路，直到遇到了阿奶。阿奶是木老元人，嫁给阿公时也是丧夫，带着

祭拜逝者

4 岁的姑妈来到了楂子树，和阿公组建家庭后生下了我父亲、两个小叔、两个小孃。最小的叔叔在一场疾病中也不幸早夭了。父亲每当言及此事，语气总带着一些痛苦。他说，从小叔夭折后，他便不再信神信鬼了。后来，父亲参军，便彻底变成唯物主义者了。听说小叔是患了类似疟疾的病，吃药没有疗效，阿奶便去求神婆，神婆说："神需要你家许一头羊、一个猪头、一只鸡，去山神处供奉。"阿奶一一遵照，带着只有10岁的父亲，挑着贡品，到寨子外的那棵大树下焚香祈祷。看着自己的母亲不惜一切地为弟弟的病情杀猪宰羊求神拜佛，父亲以为这样他的弟弟会好起来。无奈，几次的求告都无用，小叔还是走了。

父亲说，阿奶抱着小叔的遗体时整个人苍老了许多，没有流泪，只是沉默。他从此便在心里告诫自己遇到任何事情都不去求神，而在阿奶面前，却从不言说，只默默顺从。小叔的死，让父亲的心走出了那个被神灵控制的疆域。后来入党、入伍，在战场上他目睹了太多的死亡，运送过尸体，也从死神手中逃脱过。他从来不和我们讲鬼故事，他常常说，鬼在人心。而阿奶是最爱讲鬼故事的人，在那盏昏黄的油灯下，在那个熊熊的火塘前，我听得入神，也听得汗毛竖立。阿奶一生从未离开那片土地，她的目光永远系着儿孙们走出大山的背影。

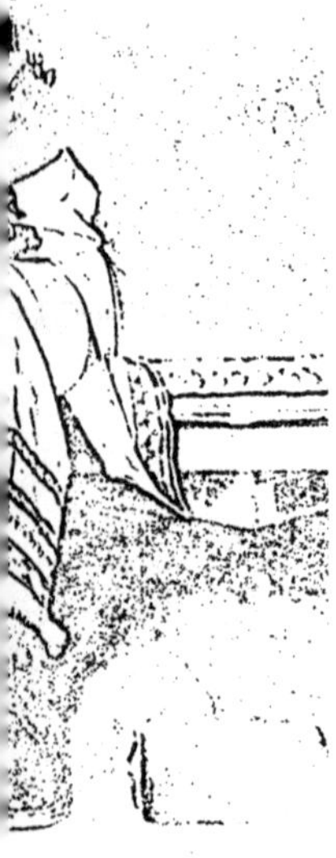

孩子出生后的第一件大事便是取名，名字是他一生的符号。很多家庭为了让孩子顺利长大，便将孩子寄拜给天地万物。大树、石桥、道路、山脉，乃至一块石头、一朵花儿，都是寄拜的对象。孩子的名字也带着这些"干爹"的姓，比如"树生""桥顺""路喜""山么儿""春花""瓜叶"，这些记刻着自然符号的名字，显得土气十足、一目

了然。在老家，这样的称呼很多，我父亲的小名就叫“柱么儿”，听说，小时候阿奶就是选择了老祖搭桥的那根柱子作为父亲的干爹来寄拜的。父亲的小名只有长辈才可以叫，同辈只能称之为柱哥。这样随意的选取，让孩子更随意成长。“越小心越成精”，只有让孩子贴近万物，才会自然而然地长大。布朗族人是希望通过名字让孩子与他们眼里亘古不变的山河大地连为一体，贯通始终，这样的依附会让孩子的一生踏实度过。

孩子长大了，便是“出行”，类似成人礼。出行，代表着一个人即将面对世界万物，面对未知的凶险和对于家庭的担当。大年初二这一天，由长辈带领着孩子到村外的大神树下去祭拜，磕头、祷告山神，孩子已大，可以单独外出了。这时，父辈们会拿出自己随身带的刀具，让孩子到附近砍一捆木柴回家，有种自谋生路的感觉。这表示着一年新的开始，也意味着一个人一生的新开端。到山神边举行过出行仪式的人，便是一种昭告，告诉万物与寨邻，这个人从此不再是父母庇佑下的孩子了。这个人将会在密林里，在大山中开辟属于自己的一片天地，人生之路就此开始。

一生的道路最终是通向死亡，“死”，并不是终结，而是用另一种方式继续活下去。万物有灵，人死后注定和逢春发芽的植物一般轮回再生，而来世不知重生为哪种花草或者动物，也许是一片草叶、一只飞蛾。所以，布朗族人对于死亡的态度相对淡然，对万物总是心怀敬畏，它们或许是前世的某位先人的化身，就是虫蚁，也不可肆意践踏。“托生”这种想法便是人们对于失去亲人的别样期许。于是，死亡也与生产一样存在诸多的禁忌与暗示，儿女双全的寿终正寝，像果子熟透一样自然脱落，被称之为“修得好”。这样的死亡，隆重而庄严。早夭、病逝、被人谋害、意外死亡，或断气时没有人在身侧等，这样的死亡称为“死得不好”。死得不好的人是不能停在堂屋的，也不能入家族的坟场，这体现了人们对于非正常死亡的忌讳和不安。

在死者还未闭眼之前，估算着他快不行了，家人得去“赶病”。这是布朗族的一种习俗，面对病重垂危的家人，小辈们必须到各地的亲戚和后家去告知情况，以防不测。如不“赶病”，忽然故去，有些后家会接受不了，继而心生嫌隙。一般情况，“赶病”就意味着凶多吉少了。“赶病”的目的是让后家有心理准备，也是奔丧的前奏。而家里这时已开始打制棺木了，把棺木堂而皇之地立于院子之中，有冲邪之意，据说，有些人会因此而好转。死者在断气之时，如果有子女在旁边是最好不过的，称之为“接气”。“断气”与“接气”，像是一种承接，人们说：哪个子女接气，他的日子便会好过一些，也预示着死者最记挂的便是接气的人，会将自己的福气继续传递于他。一般接气的人，都是在死者床前端茶送水、日夜招呼尽孝的人。先辈们冠以这样的传说，实则是在赞许孝顺的儿女，以此作为对其无形的嘉奖和鼓励，祖先流传下的习俗无不暗藏着做人的智慧。断气前，家人总会将事先准备好的银器或者钱币塞进死者口中，称之为“口铃”。“口铃”，是死者在通往地府的途中，用来上付各路小鬼的钱财。当老人完全停止呼吸后，家属便用竹竿拴上一条白布，挂在大门外面。这是一种无声的通知，看到白布条，人们便不约而同地来祭拜和帮忙。这也是昭示，死者的魂魄将和白布与竹竿一起去往彼岸。这多像是乘坐一条船要去往通天的那方，只是那方在何方，无人知晓。

我人生中最先历经的丧葬，是送别阿公，那是一次让我终生难忘的场景，也让我第一次感知到什么是死亡。和父亲回老家照看生病的阿公已有数日，那天的下午和平常一样，阳光好得让人有刺眼的晕眩。阿公的病情忽然有了好转，显得特别精神，和父亲聊起家常时露出了久违的笑容。病痛已把他折磨得瘦骨嶙峋，他的颧骨像两座山崖般明显地耸立出来。阿公黝黑的皮肤褶皱满布，纵横陈列着无数的伤疤，这些伤疤是生活赐予的勋章。靠着这些勋章，他的儿女们才得以长大。

我和表妹们挎着篮子，唱唱跳跳去水井边洗菜，准备晚饭。一个小时的工夫，姑妈就惊慌失措地赶过来让我们赶紧回家，没有说任何事，而我已猜到了可怕的结果。等我们从屋外跑回来时，堂屋已围满了人，一块青色的布已盖住了阿公的脸，给阿公的洗浴刚结束，屋子里还有蒿子水的气息。那块青色的“遮脸布”像禁止的盾牌，让我意识到，我们和阿公已经隔着不同的两个世界了。我无法想象，刚才还喝水说话的他，怎么顷刻间就变成了“死人”。死亡是那么的猝不及防，他的话音刚刚还在耳畔，笑容还在眼前，忽然，这一切都已成为虚妄。一股冷气瞬时逼来，让我打了个寒战。阿公躺在那里，一动不动，这忽然的阴阳两隔竟使我如同被打蒙了的人醒来，不知方向。

父亲握着阿公的手，不忍放开，直到渐渐冰冷，那双曾经托举起全家人希望的大手低垂着。阿奶过来，剥开父亲的手，把阿公的手小心地放入被褥中，轻声说："让你爹慢慢克（去），克稳妥了。"阿公仿佛睡着了，大家围过来，默默垂泪。直到出嫁在邻寨的寿孃——父亲最小的妹妹进门后放声痛哭，全家才从沉默的悲痛中彻底释放出来，潮水一般的哭声淹过山峦。

阿公过世的消息传开后整个寨子的人都聚拢来，大家分工合作，仿佛是在自己家里那样，有条不紊地做着该做的事情。夜晚，邻寨的人也来了，他们打着火把，把蜿蜒的山路燃成了一条龙。那些被阿公帮助过的人，认识的不认识的，都来了。大家坐在他的遗体前，只为看最后一面。家里从院子到堂屋都弥散着火烟浓烈的气息，火把不断，来客不断，火把上特有的松香气息穿梭在鼻前，变成了一种特殊的嗅觉记忆，再次闻到就会让我想到肃穆与死亡。

从阿公病重那天起，父亲就向单位告假，一直守在床边半月有余。他是兄弟姐妹中唯一一个"接气"的人，他没有把这样的所谓"福报"看作是上天对他的赏赐，而是觉得自己亏欠阿公太多。从 9 岁外出求学读书，到参军工作、成家立业，父亲始终身处山外的世界，只有逢年过节才有空回家看看阿公。虽然父亲想尽一切办法尽孝，将衣服、药品、食品源源不断送回老家，而唯

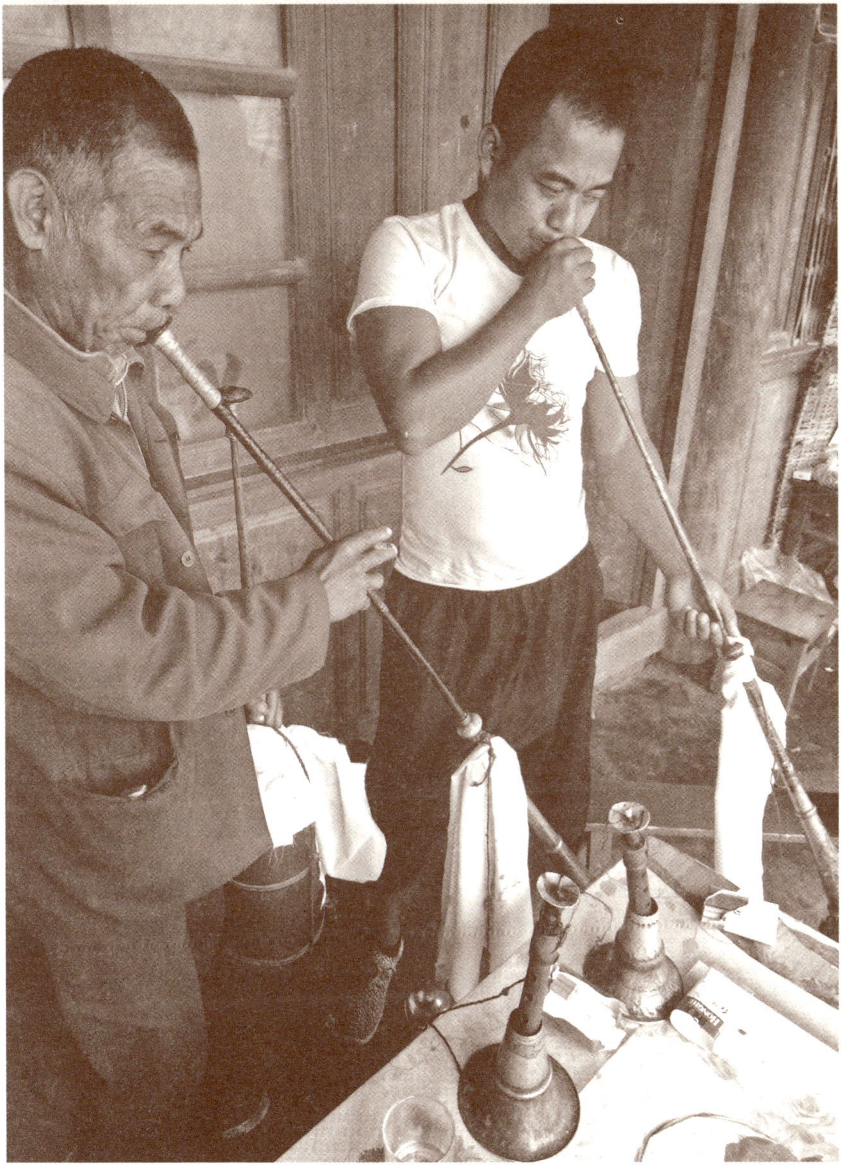

丧事的吹打手

一无法邮递的便是陪伴。在掩棺的那一刻，父亲竟失声痛哭。我惊呆了，第一次看到父亲这样不管不顾地哭泣，感觉那个一直以来坚毅而乐观的人忽然坍塌了。父亲像女人一样的呜呜声让我震颤，竟使得我萌生出一丝丝的羞愧，而这丝羞愧很快便被悲伤、恻隐与自责淹没了。

死亡，带给我前所未有的恐惧、惊慌、哀痛和彻骨的寒凉。一个在你生命中占有一席之地的人忽然空缺了，你的生活瞬间被撕裂，疼痛倾轧而来，让人无所适从。失去、永别、触及不到、只余思念，都是属于死亡的。他的音容笑貌，用过的物件，包括留存的气息，都彻底地消逝了，而这样的消逝却如墨渗进木头般，一寸寸占领了你的记忆空间。我看着阿公棺木前的遗像，那是一张他唯一留存的相片，是父亲拍摄的。阿公开怀大笑，皱纹荡漾开来，露出烟熏的牙齿，眼神慈爱而明亮。他永远定格在框里，用黑与白这简单的颜色给予我们在这世间仅有的念想。

父亲的悲痛超过了我的想象，我的悲痛很多时候直接来自父亲。阿公走了，父亲失去了自己的至亲；阿公走了，这个家里再也没有人会守在火塘边，烧水泡茶，等待儿孙的归来；阿公走了，老家不再完整。大家都劝慰，说阿公修得好，走得明白安详，一生行善积德，一定会投奔到一个好去处。父亲无语，擦去了眼泪，低垂头颅继续跪着，在人群中显得那么的孤单和矮小。对死亡的不同认知，让他的族群和他隔着厚厚的高墙。父亲蜷缩于自己的小小一隅，巨大的哀痛袭来，无人能挡。

在去往墓地时，领路鸡和领路猪是必不可少的。它们将领着阿公的魂魄，走向祖先的领地，和同类团聚，再进行下一个轮回，而不是误入牛马之道，托生为动物。这样的领路让阿公走得安详。在布朗族人的眼里，死亡意味着归土，归土也是归途，可以回到祖先那里去，可以再为来生修一次遥遥无期的德行。而我总固执地认为阿公会变为一棵树，一棵洒下一地阴凉的大树，一棵可以庇佑寨子的神树，像他生前一样，总是施恩他人。人们抬着祭品，那些被吹得鼓胀的羊，一只一只地被安放在托盘之上，也安放着祭拜者的虔诚与尊重；只有儿女和重要的亲戚朋友才可以祭祀整只羊，羊越多，说明逝者的子孙和朋友越多，人品越显赫。祭祀阿公的羊排放着，送葬的人依次跪着，从家延绵到水井处，浩大而震撼。有的路人数起了羊，啧啧赞叹，说从来没有见过这么多的祭祀羊。那种羡慕的眼神与语气，竟让我徒生强烈的自豪感，以至有那么短暂的时刻，忘记了阿公的死亡。

阿公去世后，我一度希望死亡不是灰飞烟灭，而是其他生命的开始，这样死去的人便能以另一种方式继续陪伴着亲人，死便不会让人绝望。而来世的前景如何？这也是人们最想探知的所在。

在整个丧葬的过程中，大家会通过一些举动来领会神的隐晦暗示。比如在棺木前蒸煮一蒸笼饭，放置三天，起棺后打开蒸笼盖，米饭的表面会呈现出逝者来世的迹象。脚印便是托生为人，蹄印便是牲畜，还有花草虫鱼之类，自然万物在这小小的蒸笼里徐徐展现。有经验的长辈细致地查看那些米饭显示的纹路，无穷无尽的想象力在这些模糊的印迹里得到印证。也有人在棺木前煮一个鸡蛋，剥开蛋壳，看显示出怎样的留痕。那些稀奇古怪的留痕让来世显得神秘和深不可测，同时也稀释着亲人的伤感与眷念。死亡，总是带着阴霾的，让活着的人不安，他们总会用各种方式试探凶吉。布朗族人总会在棺木边拴一只鸡，起棺前，站堂人（主持丧葬礼仪的人，具有一定的权威，深谙礼法之道）会拿起鸡到大门外，一刀抹向鸡脖子，丢在地上。垂死挣扎的鸡扑腾几下后死去，如果鸡头向着大门，那么便预示着这户人家还会有不幸的事情发生；如果鸡头面向大路，主人家从此便一帆风顺。这种测试，让人毛骨悚然。我曾经问目睹过此事的老人：“果然灵验吗？”老人说：“如果预兆不好，主人家就得办理法事，求神化解了。”

下葬前一天，站堂人便安排年长的家人去家族的坟山上选择墓穴。墓地呈金字塔式地从山顶排序而下，一目了然地知道辈分高低。来到坟场选取墓地，先得祭祀山神。站堂人会用商量的口

吻祷告："山神山神，本家人某某要入阴地，来您这里，求您给个遮风避雨处，让他安个家，欢欢喜喜，罢气罢恼。"随即在选好的墓地插上三炷香，洒上几滴酒和茶。起棺时，家人会拿起带着刺的树枝从堂屋一直左右挥舞作清扫状，俗称"撵鬼"。人死后到入土，阴间的鬼会来牵魂，所以起棺时，主人家害怕鬼会赖着不走，得用荆棘刷出去，并将棺木上方放置的一碗米饭端起砸碎。这意味着砸了死者生前的饭碗，他就要去新的地方。棺材抬出到大门外时，死者的直系后辈们会手握香火沿着路一字排开，跪着、低头，让棺木从众人的后背上抬过去，人们称之为"搭桥"。这是小辈送给死者的最后一点孝心，子孙们轮流搭桥，希望死者少点跋涉之苦。坟墓极其简单，墓穴不砌井，一个长形土坑就可，棺木放下去，垒起土来，在土堆前面搭起三块石头，便是对一个人一生最后的总结。一生最终是消融为土的，像在土坑里出生一般，是否出世便意味着宿命的结束。生死之间，一条隐秘的通道在悄然勾连。布朗族的墓地，没有华美的石雕，更没有赞誉的文字，简陋的土堆掩盖着一个人艰辛的一生。不留意看，没有人会知道这是一个坟冢。只有亲人们才可以从那些高矮的土堆，大小不一的石块中分辨出自己祖先的坟茔。那些消失的、坍塌的、新垒的土堆埋葬着无数人的一生，无数人的一生营养了一座座延绵不绝的大山。

人生，漫长得靠亿万个细节来堆砌延展；人生，也短暂得没有弄明白就呼啸而逝。从出生到死亡，祖祖辈辈遵循着先人留存

亲人跪着为死者搭桥，送最后一程

的禁忌和规避，迎来送往。一生，最终是交付给时光的。在时光的隧道中，一个人的生死只是刹那的一缕光。面对着千古河山，世间的一切纷扰多像是树丫上的蛛网，挡不住人类穿过密林的步伐。生死在时光隧道中穿行，忐忑，期盼，悲欣交集。时光在生死隧道中划过，沉默，笃定，一丝不苟。

第六章

春风染绿

一、有一种记忆叫远方

对于家的记忆最初就是对于道路的记忆，那个被淹没在群山之中的布朗族小寨子遥远而美好，却要我用脚力和时间来完成对它的一次次向往，对于家的渴盼曾被这些道阻且长的行走所消耗，也被这些弯弯山路延伸出的美景所吸引。亲情让我对那方土地保持着割舍不断的生命纠缠，那时候，我的先辈们用脚板和血汗一次次完成了与外界的连接，走出和进入都带着沉甸甸的痛感。如今回家已不再是记忆里的遥不可及和难以抵达，曾经的羊肠小路已变为一条条明亮的水泥路穿梭于林间，寨子和山乡四通八达，快速便捷。布朗族的人背马驮已成历史，艰难跋涉风吹云散。70年人世间激荡巨变，一步千年的神话在这里不断上演。时代改变着人们的生活方式，而这所有的改变起始于脚下的通达，路的前生今世见证着一个民族翻天覆地的改变。

从天空俯瞰大地是第一次坐飞机，舷窗外是我熟悉的山川，隆起的高山峡谷，犹如史前巨鳄的背脊，被那些曲绕的江河所捆绑，我的目光贪婪，从这样的角度看脚下的大山，竟有点陌生。我能看到那些细微的白线，在大山间若隐若现，那是多么宽的山路啊，都变得如铅笔画出的弯曲线条。可以想象，那些被人踏出的小道已彻底地被覆盖在绿林的苍茫里。从保山到昆明仅仅 40 多分钟的飞行时间，脚底便是延绵的大山与江河，如果行走，半月之多的时光是必须花费的，难怪自古以来，人们对飞行都充满了无尽的向往，赋予其神性的光芒。我看着一座座叠嶂的大山，想到了那些祖辈靠脚力生存的人们。他们是何等的艰辛和伟大，可以征服这些盘踞在大地上的巨兽，可以像种子一样随风落脚，在大山的皱褶处安家落户。如我的布朗族先祖一般，行走是他们一生的主题。对于云南滇西而言，出门就是山，绵延不绝、苍茫不绝，像阻隔的一道道屏障，而人是冲破这些屏障的活动者，蚂蚁一样地行走，在大山的腹地开辟出通向外界、通向彼此的一条条路。

山的线条起伏柔软，路也随着曲曲绕绕。他们的品行如此相同，柔韧而懂得彼此屈服。那些脚和马帮踏出的山路，百转千回中是负累与苦涩的。阿公常常说，山里人一拃路就得走一天。一拃，就是食指与拇指之间的长度，直接而形象，把它放置在你视界中，其中的距离便是无数的沟壑与山崖、陡坡与峭壁。这样的

这些盘山路是人们走出的生命轨迹

距离带着山里人对于路程最直观的征服欲，一拃路而已。我们把路程叫作“路绳子”，牵引出的是无尽的艰辛。路绳子的长短是靠着脚力与时间来决定的，也包含着路的坡度与长度。有些路绳子短，坡太陡峭，沟壑太多，再好的脚力也得耗费很多时间。山里人的艰难与路的陡度直接相关。儿时回老家，最怕的就是走山路，总觉得那些宽宽窄窄、爬坡下坎的路会扯脚，让你越走越重。父亲懂得该在什么地方歇息，不能歇息太久，不然的话，人会更乏力与困倦。要适当休息，乘困意还未袭来就赶紧起身动脚。体能是山里人必备的力量，像种子一样坚韧而有穿透力，幸而每个在大山中生活的人，脚力都是不差的。

“山高石头多，出门就爬坡。地无三尺平，悬崖比地多。”这是流传在布朗山的一句话。恶劣的生存环境曾让人们困顿在自己的一方天地里，蝼蚁般艰难求生。出门背一摞、进门驮一捆，所有的生产生活用具与资料都是靠着人背马驮来完成，闭塞导致落后，落后就意味着与时代脱节。所以，在20世纪80年代中期，父亲任摆榔乡党委书记时，提出的第一个问题就是，每个村都必须要修路。他号召有劳动能力的村寨在补贴加自愿的基础上，修一条通往乡政府的路。然而，这愚公移山的举动并非易事，有些村寨挖了一半因没有资金、没有挖掘机器而被迫搁置，人们只是在原有的羊肠小路上扩宽一点点。许多老百姓已经意识到，通往外界的路，其实就是通往求学、通往致富、通往就医的路。路，倘若没有钱、没有设备，一切都无从谈起。每次和父亲回老家，也是在这样晴天一身灰、雨天一身泥的路上艰难行进。

那时交通不便、通信落后，难得回老家一趟的父亲每每记挂亲人就得跑去商业局的三楼，穿过长长的走廊，走到尽头的会议室外那张办公桌边摇动那台老旧的黑色电话机。摇了总机转到摆榔乡，再转到大中村。老叔那时是大队干部，时常在村里驻扎。有时恰好老叔在，便有人去叫他；有时不在，只有说好时间，再打去。转接的过程便是漫长的等待，而这时，父亲和我就安静地等着。人们已下班了，偌大的楼房空荡荡的，走廊愈加显得幽深黑暗。我不敢乱跑，紧紧拉着父亲的衣襟，问老叔什么时候接电话，父亲说：“快了，走路最多 10 分钟。”有时他就抱起我，走到会议室的窗口，指着东南方层层叠叠的青山说：“你老叔他们就住在山的那边。”看着被雾气锁住的山峦，让我觉得老家很遥远，遥远到不可轻易抵达。而实际上，那被深埋于大山之中的叫作楂子树的老家，与县城真正的距离就 30 多千米而已，而在那个道路不通、车辆稀少的年代，30 多千米的山路能让人耗费大半天的时间。父亲回一趟家不容易，脚板一步步地丈量，是那么的漫长和艰辛。

最初回家的记忆似乎定格在小学时了，父亲带着我和阿姐搭了一辆拉货的卡车摇摇晃晃颠簸到姚关乡，公路便终结了，下车开始步行。父亲挑着扁担，一头是阿公阿奶爱吃的糖果、饵丝、面条，另一头是为他们新买的衣物，还有一些常用的药品。父亲用蛇皮口袋装满了沉沉的两袋，钩挂在扁担的两头，他在前面挑着，我和阿姐在后面边玩边跑。有时父亲累了，会找个阴凉的地方歇脚，扁担靠立在旁边，顽皮的我会拿起扁担和阿姐拉拔河，父亲一旁看着，笑出声来。有时父亲会采林里的野果给我们吃，我和阿姐会把野花插得满头都是，路边的草丛中不时有野鸡扑腾飞出，引来我们惊喜地大叫。跋山涉水的疲累便在这样的自娱与野趣中荡然无存了。回家的路虽艰辛却充满期待，因为，在山的那端有老家亲人渴盼的目光，那目光似乎暗藏着神秘的力量，让人负累而不苦。记忆最深的一次回家没有父亲的陪伴，那时的我已读高中，带着父亲给阿奶买的药和糕点，一个人踏上了回家的路。不巧半道忽然变天，下起大雨，网一样密而紧实，牢牢罩住山峦。我跟着赶集的寨子里的人回家。他们负重而行，背着从集市上买回的生活用品，而我几乎空身徒步却被大雨困得迈不开脚，寨子里的人只好走走停停地驻足等我。为了不让别人受累，也为了不让雨把药淋湿，我一只手护住包，一只手撑着伞，咬着牙跟上他们的步伐。不小心在湿滑的坡地滚了一跤，摔得浑身泥水，脚踝破皮。接过他们为我砍的竹棍当拐杖，我才勉强支撑起自己颤抖的双腿，看着湿漉漉的背包，泪水和雨水交织，布满了我的脸颊。就这样跌跌撞撞，我艰难地回到了家。进门的那一刻，狼狈不堪的我撑起了笑脸，当阿奶帮我洗擦伤口时，轻轻说了句："阿么，把我家妹儿跌伤了。"泪水忍不住再次滴落下来。时隔多

人们靠着脚力完成
一次次艰难的行走

曾经的道阻且长，如今皆为坦途

年，那一幕清晰如昨。那一路，让我体验到了山里人的不易，老家的亲人们便是在这样的山路上艰难求生的。那一路，让我在今后的人生旅途中再遇到任何的困苦，都会咬牙坚持，不言退缩。那一路，让我更珍惜自己所拥有的生活，更疼惜老家的每一位亲人。

道路的艰辛是山里人的隐痛，他们的一生注定要被这些盘曲的山路耗费掉无数的光阴，他们祖祖辈辈都蹒跚在陡峭而盘曲的山路上。路是他们的生命线，也是回忆录。“全面建成小康社会，一个民族都不能少。”在党中央精准扶贫的政策下，布朗族山寨的道路已全部疏通，村村通公路，入户必硬化。道路的通达成为整族脱贫的“先手棋”，便捷让大山里的寨子已不再遥远。当我开着车在崇山峻岭中行进时，我想起小时候回老家的情景，那时与

此刻在时空交错中闪现，恍若隔世。在木老元布朗族彝族乡和摆榔彝族布朗族乡采访时，人们对于自身生活的改变，说得最多的、记忆最深刻的总离不开脚下的道路，这是他们共同的记忆集结。

“吾巴拓”是木老元乡的搬迁点，作为布朗族居住的新农村，人们用布朗语起了这个寨名。“吾”就是本人的意思，“巴拓”意为越来越好，“吾巴拓”意为我们越来越好。这个美好的期冀就这样嵌入这个新生的寨子中，而事实上，布朗族的日子亦如这个名字一般。吾巴拓坐落在木老元乡政府旁，100 多幢崭新的白墙青瓦房整齐有序地排列于山间。远看这里，壮美得让人不敢相信是山里的村寨，尤其是入夜，灯光璀璨，恍若集市一般。他们都是从旱谷山、水沟脚、下哈寨与下木老元村搬迁而来的。这些地方有的地质灾害严重，有的缺水，有的道路狭窄崎岖，人们的生活受到各种自然条件的影响和地理位置的制约而无法改善。如今搬迁了 105 户，布朗族占了 95%。这些搬迁的农户每家每户房前屋后，政府都进行了绿化，一排排树、一簇簇花，使得家居环境怡然。我常常想，布朗族从前是没有人在自己的庭院种花的，即便有也是野花。花儿似乎是富贵与闲情的标志，脸朝黄土的山地人只会种一些实用的果树，在房前屋后，几株李子、桃子、杏子就足够给孩子们解馋了。春风漫过，花满枝头，大人是有所交代的：“这个时节，不能攀摘花树，不然手会生疮。”这样的吓唬很奏效，枝头总能结出更多的果子。

见到阿正芹，她正陪着父母在火塘边烧水，如今她家搬迁到新寨子吾巴拓已经快两年了。每天烧火塘的习惯依然保留着，在家旁边建盖了一个简单的火塘屋子。在火光中，我看到她黝黑而通红的脸，那是大地和庄稼的颜色。这个70后，和我年岁相仿的女人，笑容特别容易浸满脸颊。她的父亲阿福开已经70岁了，年轻时当过兵，7年戎装让这位老人有种冷硬的气质，哪怕在病痛的折磨下，依然没有萎靡的状态。我就在他们新居旁临时搭建的火塘边闲聊。从路这个话题开始聊起。阿福开抽着旱烟，话语随着香烟徐徐而起："我们家以前在旱谷山，离这个搬迁点有2千米多一点，因为山体滑坡，政府把我们搬迁到这里。吾巴拓，的确是让我们愈来愈好了。以前光是说背水都是一件艰事，我们那个年代没有铁桶，只有就地取材，砍一节蛮竹。你啊晓得蛮竹？"我笑了，说："阿叔，晓得呢，布朗族的生活怎么能离得开蛮竹呢？就是我们说的大龙竹。""对呢对呢，大龙竹。打通龙竹两节的隔心，在龙竹中间捆绑一根绳子，这就是背水的工具啦，把绳子背在头顶上。大的龙竹一般两节就有1．5米长，三节太长了人也背不动啊。从旱谷山到洼子去背水，来回要一个多小时，一天背三趟，才够全家的饮用。""一天三趟，那一个劳动力一天就花去了快5个小时的时间了，路程多远啊？""不远，1千米多一点，就是路难走，基本都是50多度的陡坡，人走都费劲，不要说背水了。"阿福开边说边拨弄熊熊的火塘，仿佛那些跳动的火苗里有他曾经的一幕幕艰辛过往。

"旱谷山，这个名字就很特别，是什么意思呢？""就是祖辈

10 年前的木老元村

交通的便捷让大山不再闭塞

们落脚时，这个地方有一小片旱谷地，刚好够我们老祖填饱肚子，所以就取名旱谷山。”“你们搬迁到这里，旱谷山现在就没有人居住了？”“没有了嘛，田地还在，牛羊圈还在呢，每天孩子们都跑回去，打理一下田地和牛羊。我们这辈人么在那块土地刨食太艰难了，苦死苦活还吃不饱肚子。没有想到，有一天我还能过上这样不用背水，不用烧火做饭，车子开到家门口的日子。”阿福开的眼里此刻是亮的。他话题一转：“说到路么，背水还不算什么难事，赶街是最辛苦的。那个时候我们年轻，家也穷，买不起鞋子。冬天去赶街穿草鞋，天冷草鞋硬啊，戳得脚疼，干脆就光脚。半夜

搬入吾巴拓新居的阿福开一家

就起床，白霜铺地，人走在上面咔咔地响，走到县城时县城的水泥路愈发让人的脚冻得没有知觉。卖完东西回到家，已经是半夜了。”我下意识地看了看他的脚，他穿着一双棕色的毛鞋，那时，年少的他，永远也想不到自己有一天能穿上这样一双柔软而保暖的毛鞋。如今的阿福开每天就在家里照看一下，烧着火塘，等着儿孙们收工放学回来。他说，赶上好政策、好时代了，要养好自己多病的身体，好好陪儿孙过两年好日子。对自己生活了大半辈子的大山，他还没有看够。是呢，谁会看得够这样日新月异的变化呢。

山里人生活的改变总绕不开路，因为路是人们生命的绳索，多数人记忆最深刻的就是赶街的艰辛。下木老元是木老元乡的一个行政村，位于木老元乡政府山下 2 千米处。

李祖芹的家就在寨子的中央，她是布朗族山歌传承人，1966 年出生的她已有两个孙女。喜欢山歌的人总是从内而外透出一种随性的活力，我来到她家的时候，她正在绕线圈。这是政府为了这些因家庭原因而无法外出务工的人打造的扶贫加工车间，引导家庭妇女这样的剩余劳动力到扶贫加工车间，从事电子感应线圈加工等生产作业。李祖芹在家里照看两个孙女，自然也加入了这个队伍，没事时就挣一点生活费、零花钱。看着她娴熟的动作，铜线在指尖飞速绕动，我也想试一试。没想到，自己笨拙，竟半天无法完成一个线圈。她笑了："熟能生巧，我刚开始时也是动作慢，熟练了就快了。""你这样的速度，一天能赚多少钱？""如果没有特别的事情，一天 40 多块，还得照顾孩子、做饭喂猪，总比闲着一分钱不得要强啊。"她咧嘴笑时，就像一朵开放的山花。"现在么，条件好了，赶街都不用走路了，家家有摩托，有车子的人家也多，赶街就拼车去，半天就回来了。以前我们赶街才艰难啊，叫"两头摸"，就是去时摸黑，回来还摸黑。比如明天要去赶街，今晚上 12 点就得出发了，把要卖的笋子和橄榄这些山货捆好背起，有油灯的点油灯，没有的就点火把。火把都是用竹子或者蒿子秆捆成的，要四五支火把点完才能走到，天发白差不多就到县城了。赶快卖完东西，晌午就得往回赶，回到家基本也是半夜了。”我无法想象这样的行走。“来回要几个小时？”“脚力好的 10 个小时，脚力差的、背东西多的要十几个小时，三分不值价地把山货卖了，买点盐巴和生活用品回来。我记得 20 世纪 80 年代末那时我们去卖橄榄，才 2 分钱一碗啊，一背箩才卖得几块钱。就为了这几块钱，得走一天一夜的山路。卖山货的钱舍不得买别的，就买点盐巴、药之类的必需品，其他的糖食、衣服之类的舍不得买。”说到这里，李祖芹不由地叹了一口气，“现在么，去赶街想买什么都不会舍不得了，日子好过了，你瞧，孩子的玩具都一大堆。”看着她的孙女在玩玩具，她的眼神慈爱而温暖。

李祖芹把话题再次转回到赶街上：“赶街最害怕的就是遇到下暴雨，有一次我们去卡斯（昌宁县的一个乡镇，离下木老元有 10 多千米的山路）赶街，走到半路下大雨，河水漫到公路上，山又塌方，我们只有冒着生命危险慢慢地一个牵一个的手，用绳子一个拉着一个走，生怕不小心就滚落下河，被水卷走。还担心山上的石头滑落下来，因为土已经随着雨水唰唰地下来了，真是让人胆寒呢，回到家是满身泥浆和雨水，冷得直发抖。”“安全回来已经是幸运了，那时候赶街就像历险啊，拿生命去换取生活用品，多么不容易啊！”我听着，汗毛直竖。

“是呢，现在么下刀子也不怕了，到处都是白花花的水泥路，出门进门鞋子都不粘半点泥巴。去县城赶街么，卖完东西，再买点什么生活用品，半天就可以来回了。其实买东西也不用跑去县城了，我们寨子的小卖铺就有，只是借买东西的由头想去随便逛

⬆山里人的艰辛可想而知

⬇雨季到来时，山路随处可见坍塌

逛罢了。最让人高兴的是现在我们寨子还有路灯，晚上去哪里都是明晃晃的，和城里没有什么区别啊。年轻时我去县城，最羡慕的就是城里有路灯，不用摸黑，不用点火把。现在么不用羡慕了。”我第一次听到这样的羡慕，让人不禁感叹。

李有贵是李祖芹的爱人，两人也因为山歌结缘，最后成为夫妻。李祖芹当年清亮的歌声像清泉一样，流进了李有贵的心里，两人开启了一段传奇的爱情故事。李有贵家里太穷，家里经常向别人家“问饭”（就是和别人借米，借苞谷和杂粮，等自己有时再归还）。而这个从小吃过苦的男子骨头里有股硬气，对生活有不屈不挠的韧性，这让李祖芹很喜欢，于是“不嫁饭，要嫁汉”的她冲破家里的阻力，义无反顾地与李有贵结婚了。他们结婚那年是1993年，那时他们居住的木老元乡下木老元村的毛路还未修通。李有贵说，他们结婚的第二年路才通，他和李祖芹去挖公路的情景依然历历在目。他清楚地记得，一辆手扶式拖拉机第一次开到寨子的情景，全寨子男女老少都看新闻一样涌来。他们第一次听到这机器的喧嚣声，那是一种新奇而幸福的声音，是连接外界的声音，是布朗族结束人背马驮的声音。这样的声音在寂静的大山里是那么有力度，让人血脉喷张，也让人充满向往。路通了，仅仅是土路。直到现在，国家实行脱贫攻坚帮扶政策，下木老元村才修建了水泥路。土路修通后，李有贵开始种植烤烟，靠着不断地学习技术，埋头苦干，他们家的生活慢慢有了起色。李有贵感慨地说，就是种植烤烟那年他去县城交烟，第一次看到了面值 50 元的人民币，那是他第一次见过最大面值的钞票。

路道的修通，让这个寨子的人与外界有了更频繁的往来。2015 年李有贵到木老元村任主任，2018 年任村支书。他每天的工作就是上传下达实施扶贫的相关政策，入户宣传，繁杂而具体的工作让他常常分不开身回家。他的女儿也当选为保山市人大代表，他们全家都在为改变自己的家园而奉献力量。李有贵说，如今的木老元乡已今非昔比，他是见证这块土地像春天一样发芽、生长、开花、结果的一个农民。从当年的“苦荞粑粑养不活全家”到现在的“多种产业奔小康”，从当年的身无分文到现在的种养殖致富，从普通群众到村干部，他有信心带领族人和群众越过越好。我和他就在村里的会议室交谈着，屋外正下着雨，这个季节正是播种的季节，我闻到了泥土的气息，那是一种蓬勃的气息透着无限的生机。

到木老元龙潭村的立界寨子，我的心立马被俘获了。这个只有 20 多户人家的小寨子，掩映在翠林之间。家家户户统一的白墙青瓦，房前屋后果菜葱郁，道路干净得一尘不染，这在山里是难得一见的奇观。在寨子中间，那两棵百年大青树下，修建了一个小小的公园。石阶蜿蜒，凉风习习，凉亭里几个老人正在闲聊。凉亭旁边就是打歌场、文化活动室，农闲和节庆时，人们便在此举行文体活动。这里的硬件设施和县城里的没有差别，只是清透的空气与满目葱绿是县城里寻不到的。坐在凉亭里，可看到流云之下的延绵大山，似波涛一般奔涌而来，开阔而惬意。这个寨子曾经是乡内非常贫困的自然村，道路不通，增收困难，村庄环境脏乱差。脱贫攻坚之后，全乡推开“五个群众说了算”的村民决议申请的做法后，立界村第一家报名申请美丽乡村建设。建设要统一风貌，人畜分离，建设一个活动场所。实施建设养殖小区时

曾经的山路，雨天很难通行

需占用部分农户耕地，刚开始涉及利益的农户纷纷站出来反对。为打消群众顾虑，当时还是立界自然村小组长的朱有力说服了哥哥，带头无偿让出弟兄俩 8 亩耕地用于养殖小区建设，在村民中树立起为了集体利益牺牲个人利益的榜样。之后，村里制定了美丽乡村建设村民决议申请制度。村民决议申请由理事会主持，理事会成员由村里威望高的党员、热心公益事业的村民、致富带头人组成。

村民决议申请制度规定：公用道路、活动场所、停车场占用到村民的土地、树苗怎么办，拆除危旧房群众工作如何做，道路扩多宽，房屋风格如何统一，猪圈、厕所如何改，活动场所建哪里、如何建、怎么建，是统一招标施工队还是农户自建资金补助到户……这一系列问题，必须要通过村民决议申请程序。

村民决议申请让每个人都有了话语权，都参与到了美丽家园的建设中。刚开始对砍掉自己几棵树，占用几分地，拆掉厕所、猪圈让路等涉及自身利益的有抵触情绪的群众，在看到大家都积极投入集体建设时思想意识也在悄然转变，认识到了只有牺牲小我才能提升总体环境。就这样，立界这个寨子用实际行动树立起了属于自己的一块美丽的界碑。硬件设施修建好了，在环境卫生的保持上寨子也有规定，家家户户除了打扫好庭院内的卫生以外还要打扫好庭院外的公共区域，星期一、三、五每家派一名代表出来扫广场，各家门前各家负责打扫。还特别照顾那些散失劳动力的困难户，每个月政府补贴钱，让他们打扫公共卫生。此外，在村里实施“八星定级”，将“八星”分为基础星、一票否决星和创优星三个层次。基础星包含“环卫星”“敬老星”“教育星”，同时有“环卫星”“敬老星”和“教育星”的农户，可以优先申请教育扶持。一票否决星包含“文明星”“诚信星”“公益星”“感恩星”，对凡是“文明星”“诚信星”“公益星”和“感恩星”单星被摘的农户，实行申请扶持一票否决制。创优星包含“勤奋星”，对积极争创“勤奋星”的农户，可优先申请任何扶持。此外，还以自然村为单位，将家庭星级评比结果和群众集体的事挂

立界村的文化活动室

钩运用。所有项目优先向没有一票否决摘星户或一票否决摘星户较少的自然村倾斜。八星定级村规民约出来了，大家看了看，觉得执行下去对大伙都好，纷纷支持这个做法。其他村听说立界村建得好漂亮，都组织村两委、理事会来参观，纷纷效仿。

从此，八星定级村规民约和所有项目群众申请制在全乡铺开。在这个制度的推动下，全乡村村比学赶超，有了麻烦事理事会来解决，“自己的家园还要自己来建”的理念深入人心。只要走进木老元乡的每一个自然村，都能看到书写在墙上的评星定级村规民约。它已经不是简单的制约民众的制度，而是悄然根植在大众心中的一块道德礼仪准则。

李应斗就是负责清扫立界打歌场的公益岗人员，每天清晨，他便挥动着大扫把开始对活动场地进行清扫。他黝黑的脸庞被岁月雕刻得沟壑丛生，而笑容是发自内心的透亮。他的家就在打歌场旁边，小院子种满了兰花。他把我迎到院中，泡茶，拿出自己家种的核桃。他的媳妇阿福英正忙着在厨房准备早饭。炊烟升腾起来，我们的谈话也在这烟火气息中荡漾开来。我赞叹他们的人

居环境，如此整洁和优美，可以和城里媲美了。他笑了，说："是呢，这几年么过上好日子了。以前猪屎、牛粪满大路都是，人干活回来，首先就是脱烂泥鞋子，洗脚。现在么，下雨也不沾着一星点儿泥巴，除非你克地里干农活。我们老人出门方便了，不怕滑跤了。年头节下，大家都有玩处了，你看看，我们的打歌场啊多漂亮。我们这些老年人也有聊天的地方了，没事聚拢起，大家一起在凉亭里说说话，总比闷在家好。现在我们的生活么虽说在山区，但和城里也差不多了。这就得感恩共产党啊，我经常和寨子的人说，我们布朗族每走三步都要给共产党叩头谢恩才得呢。”1955 年出生的他，从小就历经了生活的艰苦，在缺衣少食的年代，他吃过芭蕉根、毛树根、山药根、马涩紫叶，似乎山里所有的野菜和树根他都吃遍了。那时想吃一顿白饭是不可能的，富有人家也只是吃面果儿饭，那个年代的人对于生活的最基本所求竟然只是一顿白米饭。世世代代都是刀耕火种，撒下一山坡，只收一土锅，山地的寡苦让他备受熬煎。只有靠山吃山，把野菜、菌子之类的山货找了到集市变卖，换取一点微薄的生活所需。20 世纪 80 年代初那会，还拉竹麻来编织草鞋卖。撕开大龙竹的竹皮，浸泡、打绒、打制草鞋，4 角一双。廉价的劳动力只能勉强维持温饱。他说，每天都在这山里刨食，日子过得像黄连一样苦。1980 年，他和阿福英结婚了，那时全寨子都是茅草房，没有一间瓦房。2005 年，享受国家茅改瓦政策，他家的茅草房才被改为瓦房。2015 年，国家实施脱贫攻坚，他家的土瓦房才被整改为瓷瓦房。也就是这一年，全寨子都开始了美丽乡村的大建设。每一次家庭住房的整修和改变，都是依靠国家政策的赐予。

李应斗抽着旱烟，眯缝着眼睛，看着自己世代生活的地方说了这样一句话：“在这里过了大半辈子了，做梦都不敢想象自己有一天会住在这样的环境里。寨子家家新房子，出门有车、有路灯、有打歌场，商贩随时来卖东西，不愁吃、不愁穿。国家还照顾我们这样的困难家庭，老本人（布朗族）是享了共产党的福啊。”

我在立界行走，穿行在新建的水泥路上，呼吸着这里清新如水的空气。看着每家每户的白墙青瓦，看着那些绘着生活智慧与美好场景的文化墙，看着此起彼伏升腾的炊烟和路边一茬茬正在拔节的庄稼，看着那些低头劳作的背影。他们一辈辈人都遵循着自然的规律，如庄稼一般秋收冬藏，而脚下的土壤已悄然转变，浸润着肥沃与希望。

二、扶贫路上的行者

王冰凌

第一次到木老元布朗族彝族乡采访，陪同我的就是该乡的党委书记王冰凌，这位瘦弱的80后女子常常被布朗山的乡亲们这样描述："书记体重估计不足90斤，但干的事情超过千百斤。"的确，在木老元乡工作的7年间，她将自己的青春岁月奉献给了这片土地。也许是命运的安排，她的父亲就曾在这里教书多年。从父亲的口中，她知晓了这个坐落在施甸东山之巅的民族乡是如何偏远落后，知道了那些在大山里的孩子们上学如何的不易。当组织安排她到木老元乡担任书记时，她欣然接受了。年幼时常常听父亲说起木老元这个名字，那是父亲曾教书多年的地方，如今自己要担任那里的父母官，她的心情兴奋而忐忑。两代人在冥冥之中都与布朗族山寨有着割舍不了的情缘。

上任的第一天，她是步行去的，37千米的山路，她用脚丈量

王冰凌（中）到农户家走访了解情况

了木老元的山水，只有走过，才能感知不易。父亲当年也是这样走过的，只是比现在要艰辛与坎坷。带着父辈的嘱托，她的脚步毅然坚定。这一干就是 7 年，这 7 年的时光催老了一个人，却让一个地方焕发出勃勃生机。土坯房变成了砖瓦房，泥巴路变成了水泥路，新农村拔地而起。除了这些直观的改变，最重要的是人们的意识观念有了质的转变：从不重视教育到把孩子送到好的学校读书，那些经常酒醉睡墙根下烤太阳的懒汉也销声匿迹了，纷纷外出打工挣钱；曾经牛粪猪屎臭气熏天的村寨，如今变得干净

整洁。这些让人诧异的变化除了依靠国家扶贫政策外，还有木老元乡党委、乡人民政府的一项项举措。

2015 年，云南中烟出资金支持布朗族整族脱贫、整乡推进项目，地方党委负责实施。对于深居大山的布朗族而言，这就如同久旱的大地忽遇一场甘霖。而面对着这巨大的机遇，如何实施，怎样把资金用在刀刃上，实现拔掉穷根的目标，考验着这个地方党委和政府的能力，也考验着才上任不久的王冰凌。她和班子成员在之前调研的基础上，对着脱贫退出的目标逐字逐句分析，提出大体的思路后，把班子成员分成两个组：一组负责开群众会，宣传脱贫攻坚政策，掌握群众的发展意愿；一组负责编制安居工程、基础设施、产业发展、社会事业、生态环保、素质提升、基层党组织凝聚力战斗力提升“七大工程”大盘子计划。她白天跟着第一组到村组召开群众会，晚上回来和第二组定规划。由于时间紧、任务重，她每天晚上都是彻夜通宵，大山里的夜静得只剩下书记房间里的那盏灯了。就是这样的拼命，规划出来了。她对干部职工交代，规划不是写在纸上，挂在墙上，而是真金白银落在实处。规划是否科学可行，全靠规划时是否务实，是否花了真功夫。靠着务实可行的规划，木老元的脱贫攻坚工作开展起来顺利多了。

说到搬迁，一石激起千层浪，群众不同意了。“我们祖祖辈辈就生活在这里，搬上去吃什么？政府给一只鸡，要用大铁锅去煮呢。”“搬上去了，种地怎么种？喂猪怎么办？”“我们习惯了，

曾经破败不堪的阿林寨全部搬迁到了这里

金窝银窝不如我们的稻草窝。”……铺天盖地的反对声倾轧而来，理由千万种，究其根本原因就是安于现状，不愿意改变现有的生活方式。群众的反应如此巨大，作为书记，王冰凌开始走进家家户户做工作。第一站，她便来到了最偏远而难行的阿林寨，她还记得自己刚上任时到的村寨就是这里，当时的情景还历历在目。这里居住的88户人家都是布朗族，是全乡最贫困的村。放眼望去，一间像样的房屋都没有，都是年代久远的土坯房，粪水沿着泥巴路横流。一年过去了，寨子依然如昨。

当她和当地的村干部走进一户农家时，建盖已久的舂墙倾斜，墙顶和屋檐裂开了宽宽的缝隙。似乎只要轻轻一推，墙就哗然倒塌。堂屋里，火烟缭绕，到处熏得黑黢黢的。一个年过五旬的布朗族汉子守在火塘边，吧嗒吧嗒地抽着旱烟，他因家境贫穷至今未婚。目睹着一家一户的实际困难，看着这些因守旧而破败的家园，她暗下决心：“一定要让他们搬迁，改变居住环境，改变命运。”这个坚定的想法让她日夜奋战到易地扶贫的工作中。首先是新农村搬迁点的选址。选址要选在交通便利的地方，要靠近学校、行政村村委会所在地、医院、集市，能满足的条件尽量满足，这样才能确保老百姓愿意搬，搬了以后住得下去。再次是规划上，排水排污、绿化美化要一步到位。房屋和整体的建设上，搬迁群众参与进来，监督工程质量和进度。征地开始了，一下地就碰到了钉子。有的地界分不清楚，有的农户不愿意把自己耕种多年的地块征出去，有的农户为了得到更多补偿，连夜悄悄地种上核桃树。还未真正实施，问题便接踵而至。她先和班子成员开会，分析了问题的症结：村干部不愿意得罪人，有些工作人员不愿意担当。

作为一个偏远的山乡，长期闭塞，山民们的自我保护意识强烈；且历史上没有实施过任何大项目，对于把自己土地无偿征用的事情从没有发生过，大家面对着政府这一举措并没有深入了解，茫然而忐忑，导致反对声四起。乡、村两级干部面对突然的压力和一系列棘手的问题，无所适从。

王冰凌知道，如果干部不身先士卒，不实事求是，那么工作将无法开展。首先解决不愿意得罪人的问题。她带着班子成员、乡政府二级站所的负责人、挂村的工作队员来到了连夜种植核桃树的地块。“这是种了几年的核桃树吗？”王冰凌一边指着地里毫无生机的核桃树，一边走进地里，只见她轻轻一拔，一棵一米高的核桃树就连根起来了。“这样明显的事情都不能发现，发现了没有人说，村干部去哪里了？党员去哪里了？我们的良知去哪里了？”

大家听了，都不好意思了，纷纷下地拔起了那一片片连夜栽下去的核桃树。对于涉及搬迁的五十几户人家，就有二十几户人家搞假骗取补偿，村干部知道了，却不制止。十几亩地上几百棵核桃树苗连续拔了两天才拔完。本来想骗取项目资金，却被书记发现并严厉制止，来了个下马威。这件事在全乡炸开了锅，没人再敢弄虚作假，大家都佩服起这个小小的女书记。

这件事情以后，她觉得要调动老百姓的积极性，还必须依靠党建，依靠党员带头，小组长带头。她把村两委召集起来开了会，分析了易地搬迁的好处以及如何搬、怎样搬的问题，号召大家积极行动起来，有力出力、有策出策，带头征地、带头报名搬迁，

投入到建设家园、改变面貌的行动中。

她开始一户户去劝说："不搬迁，永远挪不了穷窝；不搬迁，我们的孩子读书永远是个问题。我们的老人就医困难，难道还需要用担架靠人力抬吗？如果急症，耽误了时间怎么办？搬迁带来的只是暂时的不适应，而对于发展，对于后代而言，却是一个崭新的开端。"她字字句句发自肺腑，老百姓也开始思考和权衡起来。就这样，群众的思想开始有了变化，党员、小组长开始了行动。阿林寨小组长何玉堂第一个报名搬迁，接着有几户人家相继报名，陆陆续续整个寨子的人都动了起来，同意搬迁了。

"扶贫就是抓实党建的载体，党建是助推扶贫的'引擎'。要发挥党组织战斗堡垒作用，充分依靠群众的力量，群众的事交给群众来处理。"她在笔记本中写下了这样的感言。之后，在她的倡议下，全乡提出"五个群众说了算"的村民决议申请的做法。针对干与不干、干什么、如何干、出现问题如何解决、项目建成后如何管理，本着在基础设施建设、产业发展等项目实施中坚持集体事务村民小组决议的原则，充分发挥群众的主体作用，变"要我实施"为"我要实施"，"要我脱贫"为"我要脱贫"。

和她到任何一个村寨，几乎每一户人家的情况——户主叫什么名字、有孩子在哪里读书、房屋情况如何，甚至享受过什么补贴……她都了如指掌。这一系列的情况掌握着实让我叹服，没有深入群众，怎能如此详细体察民情。她陪着我走了木老元乡的四个行政村，每到一个村寨，她总会和我介绍这个寨子的总体概况，群众心态如何，在脱贫攻坚中如何从不适应改变到积极参与建设新家园。

她的同事这样描述：“田间地头，她卷起裤脚下地和群众一起干；农户家中，她苦口婆心讲政策，讲项目；群众会上，她挺起疲惫的腰杆，经常站着和群众讲政策，一讲就是一个小时以上……”就是这样的干劲，木老元乡的脱贫攻坚工作取得了非凡的成绩。那时的木老元乡在整个施甸县来说，仍落后偏远，人们对于教育仍停留在学几个字不做文盲就行的认知上。王书记到任后的第一件事，就是改变教育不被重视的局面。2013 年底，木老元乡的财政收入是 50 万～ 60 万元。2014 年，刚刚上任的她硬是拿出 10 万元作为教育奖励资金，在当时引起了全乡的轰动。2015 年，云南中烟帮扶施甸布朗族脱贫，在云南中烟的资金支持下，乡党委把教育奖励资金提高到 50 万元。6 年了，木老元乡共补助中小学生、高中生、大学生及职业中专生家庭 308 户 325 人次，补助资金达 91 万元，大专院校升学率从 2014 年的 40% 提高到 2019 年的 95%。到目前为止，木老元实现了零辍学的目标。如今，通过云南中烟的资金扶持，一座现代化和民族特色相融合的学校在大山之间挺拔矗立。教学楼、实验楼、饭厅、篮球场、足球场、教师宿舍、停车场，一应俱全。

“党的政策好。供孩子上学，原来想都不敢想的事情，有了助学政策后，这个顾虑打消了。”木老元哈寨二组的杨自福，去年孩子考上了昆明司法警官职业学院，每年 13000 元的学费，得到就学补助11000元；杨自福本人在村里食用菌合作社打工，每天有70元的收入，解决了这个家庭因学致贫的难题。哈寨村支书阿福友说："原来初中毕业回来放羊、打工，几乎没有家庭会供孩子读高中、上大学，而现在不一样了。"老百姓对于教育的重视，是随着时代的发展、生活水平的提高、意识观念的转变而形成的。当然，这其中也有很多通过读书改变命运的榜样做引领。

"6年过去了，组织强起来了，说话群众愿意听了，干事群众铁心跟了。山乡面貌得到了巨大改变，完成基础设施投资26096.83万元，乡村实现道路硬化率、通畅率95%以上。全乡开了4家农家乐，集市热闹起来了，乡村青瓦白墙，掩映在青山绿树中。随着布朗族文化的挖掘，旅游民俗客栈也有人来投资改造了，务工返乡群众都说找不到回家的路了。3年来，发展蔬菜、中药材、水果共计4000多亩，4个村共实现村集体经济收入18.3万元。投资5000多万元新建九年一贯制学校，实现中小学毛入学率、巩固率达100%，教学成绩从过去的全县倒数第1名上升到全县第7名，每年考上大学的人数从过去的二三人增加至2019年的20多人，布朗山的教育境况像雨后春笋一般发芽拔节。群众腰包鼓起来了，农民人均纯收入从2013年的3315元增加到2019年底的9387元，木老元乡共脱贫589户2437人，贫困发生率由43.21%降至0.63%。"在王冰凌书记的笔记本上，记载了这段话。这是她履职以来，记录的木老元布朗山发生的变化。这些变化都凝结在这一个个数字里，而这里的每一个数字都不是冰冷而刻板的记数，而是关系民生冷暖和饱蘸不懈努力、大众付出之后的记刻，富含温度、赤诚与担当。

因实绩突出，2016 年 6 月王冰凌被上级组织选拔为施甸县委常委、宣传部部长。但考虑到脱贫攻坚的整体巩固、相关项目等的持续推进以及群众的期盼，组织决定让她继续兼任木老元乡党委书记。有人问她：“这几年，布朗山的变化这么大，谈谈你主要是如何抓的？”她笑着回答：“恰逢党的好政策，我只是尽全力做好每一件事情而已。”政策如春雨，而领头人的千方百计、不遗余力，正是破土而出的那股劲头。没有劲头，哪有姹紫嫣红开遍的山花？我曾想，布朗族如果靠着自己，再过几十年，也无法过上今天的生活。“恰逢”这个词带着王书记对自己成绩的轻描淡写，而最深处也带着幸运与感恩。

我们结束采访时，已日落西山，当我问到现在还有什么困难阻碍时，王冰凌沉吟了一下：“如今，存在的最大问题还是老百姓的思想转变问题。千百年来，人们所遵循的守旧的思想意识，严重地桎梏着发展。思想的转变需要一个过程，像春风化雨一样，只要有带动的人就如星星之火，可以蔓延开来。所以，我们布朗族需要文化思想的引领者。”她的目光看着远方的苍茫，似乎看着自己这几年来在扶贫攻坚中走过的路。我也顺着她的目光看去，看到了远山深处的那抹艳丽的晚霞。是啊，我们最需要的就是精神引领者。从前是巫师，现在是优秀而杰出的知识分子、企业家、开拓创新者。而这些“巫师”一样的人才，只有通过教育与知识才能培养出来。只有这样，我们才有冉冉升起的明天。为了明天，大家都在奋斗之路上不舍昼夜地前行。

张志航

在扶贫的路上，像王书记一样倾心付出的干部很多。张志航也是其中之一，而他的身份有些特殊——昆明卷烟厂的职工。2018年初，张志航作为云南中烟驻施甸扶贫工作组成员到摆榔乡挂职副乡长。参与推进实施施甸县摆榔乡布朗族“整乡推进、整族帮扶”工作。2019 年，当云南省扶贫开发领导小组授予他“云南省脱贫攻坚先进个人”荣誉称号时，张志航觉得通过无数个夜以继日的工作打磨，自己终于得以从一名技术员完美转变为一名合格的扶贫干部。当初接到让他下乡驻村的通知时，张志航感觉挺兴奋，认为脱贫攻坚是从中央到地方党委抓的一项重点工作，也是人类扶贫史上的一件大事。对于一名共产党员来说，能在有生之年参与这项伟大的工作当中是很幸运的，所以当接到集团的通知要求自愿参加时，张志航就主动报名了。这是他在职业生涯中难得的锻炼机会，本身在烟草部门就是做工会与共青团工作的他，就经常与群众打交道。他曾经在昭通市巧家县的白鹤镇任职副镇长，专门搞水电站易地搬迁工作，对于群众工作有着丰富的经验。到摆榔乡任职副乡长，对于他而言，有挑战，也有底气。

来到摆榔乡时正是春节刚过，而三月的春风在山乡里并未吹

张志航（左）为老百姓宣传政策，核实扶贫项目

出他心中的美景。对于长期在省城工作的人来说，来到摆榔乡的第一天还是着实吃了一惊，和他想象的贫困地区还是有一定的差距。人们依然遵循着古老的生活方式，住着自己舂的土坯房，很多房屋墙已开裂，靠着一根木棒支撑住摇摇欲坠的墙体。尤其是住在地质灾害严重的寨子里，人们根本没有办法实现安居。从乡政府到各个村委会的道路依然是土路，遇到大雨很多道路便会塌方，无法通行。生活条件与生产方式严重桎梏着人们的思想。张志航到摆榔乡接替同事们的工作时，很多基础设施在建，

脱贫攻坚正是最重要的阶段。他最想听到的是老百姓的想法，所以行走与访谈是他每天的工作。遇到雨天，他常常走得泥水灌满鞋子。几个月下来，摆榔乡的基本情况弄清楚了，而鞋子也走坏了两双。每次去和农户交流时，他很感慨，每家每户都有自己的实际困难，而他们对于生活还是充满了愿景，虽然很多都因为客观原因而无法实现，但是总体来说，大家改变自己生活面貌的心是那么迫切。今年准备养几头猪，准备种哪些农作物，准备改造一下房舍，准备建两间生产用房，准备送孩子去哪里读书；去年收入多少，今年预计收入多少，有多少钱能用于扩大再生产，有多少钱可以提高一下生活质量。每个家庭都有自己的一笔细账，这些账目琐碎、微不足道，却是一个家庭不可忽视的经济支撑。这些小小的愿景组合成了一个家庭的宏大规划。而在规划的背后，也有着各自的实际困难，有的家庭没有劳力，有的家庭缺少资金，有的是没有技术，甚至不懂得计算。

针对每一家的情况做分析，提出解决思路，寻求帮助，是他要做的事情。和老百姓相处时间长了，大家看见他，都热情地约到家里喝茶。他觉得摆榔乡的老百姓朴实而勤劳，只是思想上保守一些，习惯了祖祖辈辈的生活方式，无法很快地去改变。当农户知道他是中烟公司来的挂帮包干部时，非常感激。大家都觉得没有国家政策的实施，没有中烟集团的扶持，布朗族根本不可能有这样的改变，尤其是基础建设方面。这个有着 7398 人的民族乡，从 2015 年开始，获得中烟资金投入高达 2.7895 亿元，这样的投入是前所未有的。这些资金用于道路建设、新农村建设、就地改造、产业等方面的扶持，让昔日破旧与困顿的摆榔乡有了飞跃式的发展与改变。

2019 年是施甸脱贫摘帽的关键时刻，张志航和同事们夜以继日地投入到脱贫攻坚的具体工作中。一场场群众会，一户户走访调查，一笔笔项目资金审核，一个个项目的督促推进，一项项产业的规划与实施……埋头在这些日常工作里，常常让他忘记了时间。等回过神，才发现自己有三个多月没有回家看看了。这期间，父亲突发脑梗死，而他却无法脱身离开，到床前尽孝；孩子参加各类培训考试也不能陪伴鼓励与照顾，电话视频成了牵挂彼此唯一的慰藉。身为人子、人父，无法尽责，家庭此刻成了遥远的彼岸，他却把最重要的担当与责任给了挂帮包的群众和乡亲。为了提升驻地产业发展成效，他组织带领着村民一批批地到保山、大理学习培训；因乡村医疗条件匮乏，经常带着摆榔乡的贫困群众前往保山、昆明等地寻医问诊；为了解决挂帮包农户的实际困难，常常在火塘边倾听诉求，为老乡们出谋划策，彻夜长谈。他用行动诠释了一名共产党员的初心与使命。

当我问他“你最感动的事情是什么”时，他说：“这里的乡亲和干部最让我感动。乡亲们对于脱贫攻坚的任何举措，都遵从执行，从来没有说过任何反对的话。比如易地搬迁，人们离开他们祖辈生活的地方，开启另一种生活方式，这是多数人不愿意的事情。只要和他们说，这是国家政策，搬迁的目的只是为了让你们有更好的发展，大家都会理解。”这里的百姓真的是纯善而懂得感恩。让他深受感动的，还有这两年多来身边那些为了工作不分昼夜的同事们。他觉得自己从前上班都是有条不紊的，有假期，有休息日。而到了摆榔乡，看到大家在脱贫攻坚最关键的时刻，全乡干部职工那种不计得失、尽职尽责的工作态度让他感动。不要说节假日，连正常的休息时间也没有，大家一整天都在工作状态中。每天开会，上传下达，落实各项工作，大家的执行力与落实力都体现在认真的态度与扎实的工作中。很多干部三过家门而不入，照顾不了妻儿老小，而脱贫攻坚督战室的那盏灯火始终是夜里最明亮的星。他感慨地说：“作为一名下派干部，我深切地体会到了杨善洲精神在这块土地上的传承与发扬，而自己也是千万名党员中被感召的一名。有一种精神，就叫无私与奉献，尤其是在杨善洲故里，我们时刻都被这样伟大的奉献精神所滋养。”

张文权

见到张文权时，他刚刚从农户家回来，这位大地村的“当家人”一脸质朴的笑容，他每天的工作总是牵扯着老百姓的细微家常。大地村委会所属木老元布朗族彝族乡，进入这个地域，需要走一段十八弯的山路。曲绕而难行的路让这里一直处于贫困状态。直到 20 世纪 90 年代初，大地村村民开始栽种鱼腥草，才稍有改观。那时鱼腥草每斤可卖到 5 元，一亩产量 6000 到 8000 斤，家家户户开始栽种起来，开启了整个寨子的发家致富史，拉动了一方经济。然而好景并不长久，没过几年，鱼腥草相继出现大面积死亡。加上市场价格开始走向低迷，又迫使人们另谋他路。作为大地村土生土长的人，张文权历经了这方土地之上的兴衰。2013 年，他当选为大地村委会副主任，随后任支书，直至今日，全程参与了脱贫攻坚工作。一提到过往，他的话便如闸口一样打开了。1963 年出生的他，儿时的记忆就是吃不饱饭、穿衣服都是补丁，很少有人走出去，大家都在这陡峭的山地刨食填肚子。20 世纪 90 年代，他还清楚地记得大地村这个有着 100 多户人家的寨子，只有零星的几间瓦房，其他都是茅草屋，那些瓦房也是种植鱼腥草致富的人家盖起来的。1995 年，大地村修好了第一条通往县城的毛路，只有拖拉机才能通行，这里的人们开始有了走出去创业的意识。直到 2012 年，才贯通了水泥路。时隔三年，国家扶贫“整村推进、整族帮扶”的政策开始实施。张文权说，就是从这个时候开始，他历经了自己一生中最为难忘的时光，兴奋、喜悦、焦虑、疲惫、悲喜掺杂。如今回过头看看，觉得像经过了一次严峻的考验，而终究以圆满告终。

作为基层村委会的支书，他觉得自己最难的工作就是易地搬迁与征地拆迁。大地村委会的阿林寨是一个布朗族寨子。这个寨子 2003 年的时候我曾经到过，那时从木老元乡政府可以远眺到寨子的炊烟，而走路却需要 3 个小时的时间，中间需要穿过一个大山谷，下坡，过河谷，爬坡。当我到达阿林寨时，觉得自己的双腿依旧在发颤。而记忆中寨子的基调是灰色的，茅草房、土墙、土路，一切都那么暗沉而破旧，人们有的还穿着补丁衣服。而现在，阿林寨已全部搬迁到新农村了，昔日老旧的模样彻底封存在人们的脑海。张支书说，阿林寨 88 户人家的搬迁很难，大家觉得离开祖辈生活的土地，会不会生活无依。守旧的思想是抵制搬迁的一大块盾牌，尤其是老年人，每次到家做工作时他们总是摇头。他们宁可住草屋，也不愿离开世代居住的家园。讲政策有时是行不通的，很多老人听不明白，只能以乡亲的角度来解释利弊。都是一方水土上的人，话语本身就带着几分信任。张支书说，那时每天都要跑几趟阿林寨，不断地向大家宣传政策、不断地做工作，回到家连说话的力气也没有了。而在潜移默化中，宣讲也起到了一定的效果，平时不问政事的人们开始关注国家对于布朗族的各种扶贫举措来。当新农村初具规模时，他便召集那些有抵触思想的老人去参观。看到有活动场地、平整而崭新的寨子时，张支书开始开导这些老人："搬迁到这里，你们不用爬坡上坎了，出门就是路灯，是平坦的大路；老人家串个门也可以放心走路了，孩子读书也挨得近了。"就是这些眼见为实的场景，终于让那些不愿搬迁的老人点头同意了。

而这些仅仅是万千工作中的一部分。大地村的就地改造也是一个难题，村里的文化活动室的新建与学校的扩建都涉及征地。而被征地的地理位置总是寨子里比较好的，所属农户很多都不答应。村民们的思想工作做不通，张文权彻夜难眠，眼看着项目经费已经到位了，却无法实施。他想尽了一切办法，决定先从自己人“下手”，自己的地也被列为征用范畴，还有弟弟家的房屋、亲戚家的田地，只有自己人签了承诺协议，起到了带头作用，才有劝解他人的突破口。没有图纸，他便在脑海里绘制了一幅蓝图，向被征地的农户描述将来的美景，三番五次，锲而不舍，谆谆诱导，晓之以理，动之以情。他说：“自古修桥铺路就是积善的事情，况且国家还给你们补偿，就算吃亏一点，也是为了这个寨子、为了家园更美。有这些为少数民族贫困山区实施的公益项目，我们应该积极响应和支持，征地不是为某个人谋求私利，而是让全寨子人受益。如果国家不给项目，你们就算能让出田地来，县里也没有钱建设这些活动场地。所以，我们应该抓住这个时机，为了大地村，大家要收起私心，多些奉献。杨善洲就是我们的榜样，把自己几十年辛苦种下的林场无偿捐给国家。我们都是生在杨善洲故里的人，应该发扬他老人家的奉献精神，不能让别人说大地人自私自利，干不了大事。”一番话终于敲开了大家紧闭的那扇心门。看着一户户人家签了协议，项目得以顺利实施，张支书已经一个多月没有好好睡一个安稳觉了。接下来是道路修建，从大地村到木老元乡政府的老路需要绕到山头的牧场，再沿着县城到木

大地村委会主任饶建华（左一）与支书张文权（左二）到阿林寨新农村与农户宣讲政策

老元的乡村公路才可到达，全程 30 多千米，绕道又难走。如今沿着山腰新建一条路，只需 10.8 千米就可抵达，这条道路一旦修好，整个木老元乡的村寨便贯穿畅通了。公路预计 2018 年开挖，为了让征地得以顺利进行，这次，张支书集思广益，总结经验，换了一种方式向群众进行宣传。他召集涉及公路占地的各个小组长开会，传达了修路的具体项目情况，并告知大家："这条路是方便孩子们上学与老人就医，方便大家赶集买卖的重要通道。如今有这个项目了，我们得赶快写申请去争取要资金，不能要任何的征地

补偿，努力争取把征地的钱用到修路上。”开群众会时，村民们都表现出前所未有的热情，大家毕竟被道路不通困扰多年，生怕争取不到这个项目，于是一呼百应。被占地的农户没有丝毫怨言，这里面也有很多村民小组长起到了模范带头的作用。臭水组的小组长杨绍李家，被占山地 20 余亩，挂果的核桃树被砍了数百棵，没有要一分补贴。他不但带头去砍树，还回家去做家里人的思想工作。杨支书知道这个情况后，也和乡领导一起到他家里进行了慰问。一切得以顺利开工，时隔一年后，一条明亮的大道连接起了乡政府与大地村，像一道吉祥的哈达挂在了山间，而背后却凝结了无数人的默默付出与无私奉献。

如今的大地村，就地改造 225 户、拆除重建 93 户、易地搬迁 100 户，公共设施一应俱全。走进村寨，明窗蓝瓦，洁净如新。张支书说，不光是寨子容貌变了，人的精神也在悄然发生着改变。以前年轻人无事，经常喝酒赌博，老人常常挥着棍子去围追堵截。而现在，年轻人大多数外出打工了，人们有了攀比之心。你家今年建了新房，收入增加，我家也不能落后，得想办法迎头赶上。这样你追我赶的势头让大地重新焕发了生机，像当年种鱼腥草发家致富一样，大家铆足了劲，就为过上好日子。最让人欣喜的是群众开始关注时事，知晓国家政策，连不识字的八旬老人也知道扫黑除恶与脱贫攻坚是怎么一回事了。老百姓的积极性与参与性在不断提高。

作为一名村干部，张支书说，自己也走过了任职最为艰难的时刻，老百姓不理解、工作无法推进、项目无法实施、搬迁入户太多、档案太杂等压力，让他有些招架不住。2017 年最难的时候，他和村委会主任饶建华凌晨 3 点了还在火塘边商量第二天的事情，结束时一阵晕眩，他开玩笑地说："真担心自己活不到脱贫攻坚结束，而最终也与大家挺过了难关。现在回头看看，那些困难就像一座座大山一样，被自己一步步踩在脚底，攀越过来。所以，'世上无难事，只要肯攀登'，这句话是至理。"和张支书走出了新农村，他指着大地村说："你看！我们大地是不是已不像你当年来的样子了？"我回道："已经找不到一丝一毫旧日的影子了。"他笑了："不要说你，就连常年在外打工的人回来也不敢相信是他们的家乡了。"是啊，这样激荡的巨变让许多归来的游子错把故乡当他乡，唯一不变的，似乎只有头顶的日月与眼前的山川了。大地村，正如它的名字一样，破土而出，拔节延展，让人看到的永远是生生不息的希望。

三、春苗喜雨

舅公今年已经 87 岁了，他因为严重的耳疾，已失聪多年，现在芒市定居。我们偶尔见面，交流多是手势比画或者书写，有时也书信往来。我将自己出版的诗集《流水飞花》寄给他，不久收到了他的回信。信里他这样说道："《流水飞花》一书我还来不及

10 年前，孩子们还在
用破旧的课桌

细看，即使看了也不一定读懂，因为我文学知识太差！不过无论能看懂多少，我还是要全部看完的！因为这是开天辟地到如今我们布朗族人的第一本诗歌作品。这是‘乌’翻身解放的见证，令人倍感自豪，十分振奋！我为我们‘乌’有你这样一位诗歌作家感到万分高兴！我感谢你为‘乌’争光。我祝愿你再接再厉，创作出更多作品，为民众提供更多更好的精神食粮，为发展中国的

传承人进校园教授乐器演奏

文化事业做出新的贡献。我堂叔李文玉和我春有老表是我们上下两寨的第一个识字人，你父亲则是第一个政府官员，而你已成了我们施甸‘乌’的第一个作家和诗人！你们一家三代三个第一，可喜可贺！展望未来，我坚信我们的‘乌’将会一代更比一代强，将会对中华民族的伟大复兴做出应有的贡献！”读完，我泪流满面，满满四页的信纸中，字里行间溢满了一位耄耋老人对于布朗族的历史回顾，对后辈的殷切期望，对亲人们的关爱牵挂，对国家复兴的坚定信念。他和父亲都具有这样的家国情怀，他们像一棵棵树，不管身在何处，魂魄永远扎根在布朗山最深处。

信里所说的春有老表就是我的阿公，说是识字，其实阿公就读了一个星期的书而已，只会书写简单的阿拉伯数字。父亲说，那时阿公去汉人的私塾读书，学费要一筛米（大约 90 斤），家里

没有钱交，于是学了简单的算术便回家了。真正走出大山到外地求学、有文化的人要算父亲了，如此算来，布朗族人接受教育的时间也就半个世纪而已。贫困、偏僻、封闭、滞后，让布朗族人沉寂在大山中，无法走出。直到新中国成立以后，才有很少一部分人通过扫盲班学得几个字。因为没有文化，父亲和他的弟妹的名字都是由当时来教书的汉族先生起的。父亲有三个兄弟，最后一个字就以尧舜禹为名，父亲老大，就叫李文尧，起得大气磅礴，有着汉文化深深的烙印。而小名则是阿奶起的，他寄拜给寨子旁边的那座木桥，于是起名为“桥柱”，朴素中有着布朗族原始崇拜的影子。为了让孩子好养活，父母总会在大山中给孩子找个干爹，一座山、一个坡地、一棵树、一座桥、一块石头、一条河……这些无生命的个体在布朗族人看来都是情态怡然，都有不为人知的神性，这原始的自然崇拜让布朗族安然，有依托感。

父亲之所以走出大山，到汉地求学，也是与阿公有关。阿公当年因贫穷而辍学，他走南闯北，驮马走四方，在当地也算是有见识的人。他懂得知识的尊贵，也知道落后必然挨打的道理，于是不顾家境如何艰难，让父亲跟随商贩，带着柴米油盐前往施甸县仁和乡求学。从此，父亲的人生得以改变。从楂子树到仁和，要穿过茂密的森林，父亲很多时候是独自一人，途中常常会遇到黑熊和豺狗。阿公给了他一把长刀，告诫他走路要挺起胸，遇到野兽不要怕，用石头敲击长刀，这样的声音会震慑野兽，如果野兽扑来就用长刀防身。就这样，阿公寥寥数语的教授，便把父亲安心地交给了密林，在遮天蔽日的森林中穿行，求学之路布满危机与艰辛。在陡峭艰险的山路上跋涉，父亲完成了自己5年的学业。和父亲一样，很多布朗族孩子的求学之路也很坎坷，要走很远的山路，要背负与家庭不匹配的开支，很大一部分孩子因地域条件、家庭贫穷而辍学，这样的状况一直延续到20世纪80年代末。改革开放后，人们生活逐渐好转，走出去的人越来越多，布朗族的意识开始有了一定的转变。学习改变命运，教育走出大山，这样的理念像春芽一样萌生出来，悄然根植在大众的心中。

木老元布朗族彝族乡是施甸最偏远的乡镇，它与昌宁隔枯柯河隔河相望，在施甸东山之巅。走进木老元中学的那一瞬间，我是迷幻的，我无法将这里和10多年前我印象中的地方扯上丝毫的联系，那时的一草一木已毫无旧迹可寻。15年前，我和同事一起下乡来到这里，为木老元乡举办一年一度的山歌会，歌会就在木老元中学的操场举行。说是操场，其实是位于山坡头一块还算平整的空地，杂草横生，土坑满布。操场左右有两个自制的生锈铁框架子，显然是孩子们踢足球的球门，和电视里的相比，显得突兀而滑稽。下雨是无法进行活动的，跑几步就是一身泥水。而足球常常被踢出去，滚下山坡。有的学生为了捡球，也会借机逃课。球场上面就一排简单的土木结构的教学楼，那是20世纪70年代末建成的，墙皮透着雨水和岁月打湿的斑驳。褪色的门窗被孩子们用刻刀和笔画得体无完肤，整个学校杂乱而破旧。我记得那时全乡的山歌爱好者都来了，白天对歌，晚上打歌。山歌会就在操场举行，对歌还好，打歌时尘烟随着人们脚下的踏跳纷扬而起，呛得我无法呼吸。当我们拿着摄像机对准孩子们时，他们要么笑着躲闪，要么露出怯怯的眼神。那个简陋的学校就这样被定格在了老旧的印象中。而如今的中学已成为九年一贯制学校，将幼儿园、小学、中学汇集在了一起。学校依山势而建，分三层：从幼儿园开始拾级而上，小学居中，中学在山顶。这样的布局预示着知识递进的阶梯。中学的教学楼像一本敞开的书，也像一双飞翔的翅膀。台阶下是历届校友小传，都是通过读书走出大山并在各行各业干得出色的学生，有法官、民警、老师、企业家……他们像星光一样熠熠生辉，每个孩子路过，都会投去羡慕的目光，这样的引领之效是无穷的。孩子们相信，自己也可以通过努力，成为榜上和学长一样的人。

在中学校区，我看到了塑胶跑道和正规的足球场，这与 15 年前的校园判若两样。校园的山墙上写着这样一句话："不怕眼前山高，只怕心中没路。"这是现任木老元乡党委书记王冰凌在建校时为学校提出的校训。看着这两行字，我对这位身量单薄而工作扎实的女书记有了另一种认知。是的，在这样的生活环境中，大山阻挡的只是眼前的风景，而心中的路却可以通过学习来打通，变得宽阔无垠。

在我儿时的记忆中，总听父亲说，到木老元布朗山教书的老师能待得住就是好老师，不要说教得好不好。偏远与闭塞让人受不了，20 世纪 80 年代那会儿，一个年轻的老师居然到教育局反

映要求调离，因为他相处多年的女朋友和他提出分手，原因是忍受不了他在这样的穷乡僻壤工作，每次去看他，都要走得满脚泥泞、腰酸背痛。每当到毕业季，师范毕业生分配的时候，很多毕业生都祈祷，千万不要被分配到木老元乡教书。“宁在甸阳的山坡坡（县城附近的山区学校），不克木老元尖窝窝（木老元乡政府旁边的中学）。”就这样，木老元乡成为年轻老师望而生畏的地方，留不住人才成为桎梏布朗山的一个魔咒。而最终打破这个魔咒的，是交通条件的改善，教学环境的改变，激励机制的形成。如今，随着国家脱贫攻坚政策的实施，木老元乡再也不是人人提及就退避三舍的地方，那段历史成了记忆的云烟。

王自龙

见到王自龙老师时，我不敢想象他是在木老元教书 39 年的老教师。一生坚守在这个贫瘠而偏远的山区，需要怎样的勇气和胆量啊！他清瘦的面庞时常充溢着慈祥的微笑，一双会识人的眼睛能看懂孩子们的内心世界。他的语文课是学生最喜欢的课，不仅教授课本上的知识，还有布朗族民歌、故事传说、传统习俗等本土文化。能把一节课上得活色生香，让孩子们迷恋，是王老师的本事。而他的本事就来源于对于这块土地的熟知和热爱。他能把布朗族那些遗失的山歌、民间故事、传统习俗编成教材，编成顺口溜一样，押韵有趣、朗朗上口，让孩子们在通俗易懂中感受脚

↑王自龙老师在新教室里给孩子们讲课

下这块土地之上的精彩。王老师说，每当看到那些闪光的眼神他便由衷地高兴，爱国其实是先从爱本民族、爱家园，从爱一棵树、爱一朵花、爱一片云开始。就是这样的教授，让他成了孩子心中最特殊的老师。王老师本身就是生长在木老元乡的彝族人，1978年考入施甸县师范学校，1981年毕业后就到木老元中学教书。那时的中学只有一间土木结构的平房，一间平房容纳了教室、教师宿舍和学生宿舍。学校一共有3个班，有3个本地老师、3个外地老师，其中三间作为教室。教室旁边的三间房间便是教师宿舍，两人共住一间房。连最起码的教室都简陋不堪，更别说有操场、篮球场了。室外一块空地就是孩子们娱乐和做操的地方，晴天一身灰，雨天一身泥。

因为要自己做饭，每天课后王老师都要带着学生上山找柴，教学生种菜、施肥，只有这样，才能为孩子们的餐桌添加一些新鲜的蔬菜，生活基本上能自给自足。王老师说，遇到下雨天，孩子们课后煮饭时常常因木柴湿，点燃不了柴火，火烟熏得大家泪流满面，个个都变成小花猫一样。有的孩子因肚子饿，饭还半生半熟就急着吃，老师们看着可怜，就把自己的饭匀给学生吃。艰苦的生活也历练了孩子们的意志，这些学生过早地承担了生活的艰辛，都特别懂事，抽空便帮助老师砍柴、挑水，做一些力所能及的事情。如今时代好了，校园里再也看不到一下课就炊烟四起的情景，学生们都排队到食堂吃饭。敞亮而干净的食堂里，每顿都是两荤两素，师傅们都知道如何搭配营养，政府还给补助，不用再担心费用。现在的孩子真是生活在蜜罐子里了，他们永远也不知道从前的孩子为做一顿饭，是如何的烟熏火燎、汗水满面，

现在学校食堂每顿确保三菜一汤

也不知道他们的饭碗里常常没有一星半点的肉。

那时的每个周末，孩子回家一趟，就会背着柴米油盐来学校，而所谓的校门，就是刚好两个人可以并排走的窄窄通道，一个挑担子的人就无法正面进入，必须侧身而入。因为进入学校的门刚好在一个石崖旁，不易挖掘和推平，所以大家一直从这样狭窄的过道进入学校，拥堵而危险。1989 年，王老师担任校长，为了扩宽进入学校的道路，也就是所谓的石崖校门，他多次向教育局申请经费。直到 1993 年，教育局给了王老师两吨炸药，让他自行解决这个难题。王老师于是担任了愚公的角色，每天下课，他和几个年轻的老师先用炸药把石崖炸开一小截，然后让男学生挑着担子把碎石头抬到山坡去。周末就自己干，就这样，一天炸开一点，清除一点。通过一个多学期的艰苦搬运，才把进入学校的路从当初的 1 米宽拓展到 8 米多，可以通车辆。他们就是靠着一次一次地引爆，一锄一担地挑运，才使得进入学校的大门变通畅。

学生来校读书，王老师最担心的是下雨天山体滑坡与山沟水涨，这时，他总要去最危险的地段接学生。年龄稍微大点的孩子可以蹚水而过，年龄小的孩子就需要王老师一个一个背着过。有的孩子到学校已经全身湿透了，这时，老师又得把他们换的衣服烤干。在述说的时候，王老师表情淡然，而我的内心却翻江倒海。那个时候，一个老师，不仅肩负教书的重任，还是樵夫、石匠、农民、厨师……诸多身份融为一体，这是何等沉重。看着眼前这位其貌不扬的王老师，钦佩之情油然而生。

大山里新建的九年一贯制
民族寄宿学校

20 年前，电力供应不上是常事，所以老师的抽屉里经常放着蜡烛和煤油灯。停电时，大家便点灯上课，昏暗的灯光下，琅琅的读书声回荡在校园里，他觉得那段时光温暖而幸福，也透着些许的心酸。说到电，王老师和我讲了一件记忆最深刻的事情：20 世纪 80 年代，乡政府有唯一一台电视机，每天晚上都吸引大批的群众来观看，当时刚好在播放风靡一时的《霍元甲》。因为经常停电，为了能保障群众看上电视，只能借助离乡政府 1 千米外的二台坡的水力发电。二台坡的水池蓄满 300 立方米一次便可以发电半个多小时。于是，在播放《霍元甲》之前，王老师和同事就跑去二台坡把发电的水蓄满，然后跑到乡政府去看电视，快结束时，又赶快跑到二台坡去蓄水，这期间刚好插播广告，争分夺秒地掐准时间。就这样，来来回回地跑上几千米的山路，就是为了让群众看上电视剧。他说着说着就笑了："这样的经历，现在说出来像笑话一样了。"

"你瞧，现在每户人家都有电视，可以舒舒服服坐在沙发上看，全是高清电视，清晰得不得了，也不用担心停电。那时候雪花点闪得唰唰的黑白电视，群众都看得津津有味，说给现在的孩子听，他们还以为我们在讲古（讲远古的故事）呢。"我点头道："是啊，时间过去不过 20 多年，而过去发生的事情，在现在人看来，可不是很遥远的过去吗？远古得像祖先们洪荒之时开天辟地一般。"王老师感叹地说："像我们这些 20 世纪 60 年代生、还算有些知识的人，看到这些发展变化都咋舌，何况老一辈人，他们的日子过得真的像坐火箭穿越时空了。那时，我怎么敢想，木老元中学可以建设成这样既美观、硬件设备齐全，师资力量又雄厚的学校呢！那时最大的梦想就是把进校门的路扩宽了，能多盖两间教室，能把孩子们的活动场地搞平整了，有个下雨也能烧火做饭的厨房，就非常不错了。什么实验室、计算机房、放映室、塑胶跑道、足球场这些，想都不敢想。所以说，贫穷和落后限制了我们的想象力。"我笑了："是呢，是时代改变了我们的命运，也改变了我们的认知。我们感恩遇上了好时代，也幸运自己是这一路走来的见证者。"

从王老师的宿舍走出，看着眼前这个被浓绿包裹着的崭新的校园，盎然一片。篮球场外已被绿网围上，以防球滚下山坡。学生们正在塑胶跑道上锻炼，他们奔跑的场地再无尘烟滚滚，也无泥水四溅；他们穿着运动服，脚下生风，快捷而迅速。看着孩子们的奔跑，我仿佛看到了一个民族在奔跑，而时代赋予这个民族的生机恰如这崭新而舒适的塑胶跑道。

阿金才

阿金才老师可以说是布朗族山寨的首批知识分子，他 1954 年出生，1968 年小学毕业就开始在家乡代课，随后到保山师范学校读书深造，回乡后继续教书，直到退休。20 世纪 70 年代那会儿，木老元乡的布朗族大部分还不会讲汉话。外地老师很少待得住，本地老师占绝大多数，阿金才就是本地老师其中一员。那时候全乡只有 14 个老师，老师的稀缺和珍贵可想而知。如果家访，走到任何一个寨子，只要你说自己是老师，认识或不认识的人家都会留你吃饭，将家里最好的肉食拿出来招待你。阿金才老师说这话时，我想到了曾在这里教过书，已过世的李尚义老师。

40 年前，李老师于保山师范毕业就分配到木老元乡教书，两个月的实习是他人生旅程的重要起点，他无限感慨地对我说："你老家的人真纯朴，是我见过最善良的山民，让我在人生起步时，深切地懂得了与人为善是最重要的品格。"那时，缺粮少米，老师们经常饿肚子，十几天不见一点油腥的他在背柴的路上险些摔倒，被一个素昧平生的老人家看到，老人硬拉他到家里吃饭，煮腊肉给李老师吃。当李老师知道这是老人家里最后一块腊肉时，他流泪了，那顿饭是他这辈子吃过的最好吃，也是最难忘的一顿饭。对于一个捡柴的陌生人都如此，何况是来本地传授知识的老师呢？对于知识的尊崇使得布朗族格外敬重老师，这种从骨子里对文明的向往，存在于任何一个落后民族的体内。从最初的识文断字到精神引领，文化在这块山地上春风化雨一般滋养着渴盼走出大山的孩子们。

本地老师会讲布朗族语，也容易和孩子家长沟通，而外地老师很少有待得长的，最多两年就调离了。因为条件艰苦，地域闭塞，加上交流有障碍，所以很多外地老师不愿意久待。阿金才老师记得，刚教书的时候，书本常常紧缺，教科书是自己从县城教育局走路背回来的，学生的书本大多是上一届留给下一届，破损与陈旧是家常便饭。有一次教学生“自行车”这三个字，因为很多学生不知道自行车是什么样子的，就连有的老师都没有见过，所以无法和学生说清楚。阿金才老师千方百计从县城里弄了张图片回来，给孩子们看，大家才知道了自行车的真面目。阿老师感叹，他们当初除了在学校教书以外，还要去各个寨子上课扫盲，打着火把走夜路，那些黑黢黢的大山路总觉得走也走不完。两个人做伴还胆子大一点，一个人时就不敢回学校了，只能暂住在农户家。他印象最深刻的是有一次下雨回不去了，到一户人家住宿，那户人家把自己盖的被子给了他，主人家竟没有被子盖，在火塘边和衣胡乱睡了一夜。阿老师第二天醒来，看到这一幕，心酸而感动。“那时大家都困难啊，不要说多余的被褥没有，就是像样的衣服也没有，有时全家只有一套做客衣服（稍新的衣服），轮换着穿去做客。我教的学生就有弟兄两个，好裤子只有一条，都是换着穿去赶集。心寒呢！”阿老师说到这里，往事让他眼里的雾气升腾起来。

农忙时，学生常常为帮助家长干农活而旷课，一个班只有三五个学生坚守课堂。那时的教育状况很糟糕，很多家长因贫困，没钱给孩子买书，老师们常常垫付学生的书本费，直到孩子们毕业了，家长都无力偿还。有的家长实在没办法，只有拿自己家里的鸡啊蛋啊，野菜或者谷米之类的送给老师，替代书本费。阿金才老师说到这里时，我不禁想起了自己10年前，到木老元乡的哈寨村下乡，刚好遇到孩子们吃午饭，那时国家已对少数民族地区的孩子进行了伙食补贴，每人一顿只交1元钱。而有的学生家长竟然拿不出这1元钱，让孩子自行回家吃饭。看着那些离开学校回家吃饭的孩子，他们一个个奔跑出去的矮小背影，让我的心隐隐作痛。1元钱，对于我们每个家庭而言，不足挂齿，而对于山区老百姓来说，1元钱却是来之不易。

我问阿金才老师：“如今还有这样的情况吗？”他说：“不存在了。如今的孩子都是国家补贴，所有学费、书本费全免，伙食费也是国家负责，还有营养早餐。大家生活条件好了，思想观念都转变了，重视教育了。大家都有这样的认知，我们布朗族落后是因为没有文化、没有见识，多读书、走出去，才能改变我们祖祖辈辈拿锄耙的状况。现在的家长，不会像从前一样，还没有放学就把农具拿到教室门口了。而是为了孩子读书，宁可自己多辛苦，也舍不得让孩子干活，占用孩子的学习时间。尤其是脱贫攻坚以后，我们木老元中学建设得这样的美丽，师资条件这样好，很多寨子的家长宁可多跑些路都要送孩子来这里读书。以前我们老百姓是比哪家的庄稼种得好，哪家的房子盖得高，哪家的山林面积多，哪家的牛羊长得壮，现在是比哪家的娃娃学习好，考到哪所好学校，在哪里工作。这就是思想观念变化了啊！我们布朗族再不改变么，对不起这个时代了！”阿金才老师的一席话让我感动，是啊，我们该以怎样的状态迎接这个时代？是回避、木讷还是积极、思变，是安逸还是探索，这是我们这支民族在历史进程中值得思考的问题。只有对生活饱含热情，顺应时代的发展，

我和孩子们

不断探索，我们才能找到更好的自己。

张家海

张家海老师可以说是在摆榔彝族布朗族乡教书最长的外地人。1987 年刚满 20 岁的他被分配到摆榔乡教书，那时的摆榔乡可以说是人人望而生畏的穷苦之地，而他一教就是 33 年，人生的一半光阴都抛洒在了这片土地上。我见到他时，他刚刚下课，手里还捧着教案，指尖还残留着些许粉笔灰，头发已花白，脊背微微佝偻，半生的岁月风尘记刻在了他的身上，却也生发出了一种叫作依恋的情愫。他说起当年到摆榔时，是自己背着背包走来的，那时每个月 60 元的工资，除了生活费与家用补贴，剩下都为学生们垫付学费了。因为教书时间长，学生成家了，到儿孙辈上学了，父辈的学费还未还上。不止他一个人，很多老师都在垫付，有的多达千余元。很多家长当时拿不出钱来，有钱了到学校时，老师早已调离多年了。有的家长是因为时间隔得太久，慢慢就忘记了。张老师说，有时家长来还钱，他看到那些家庭的艰苦就不忍心收，就算他为这个地方的教育进行扶贫了。在他教书的 30 多年里，他感触最深的是人们对于教育的态度在不断改变。从前家长们对于孩子的学习从不过问，他们到学校来的目的常常是为了让孩子下课后尽快干活，并送来农具。那时，快到下课时间，教室外就堆满了锄头、粪箕和背箩。20 世纪 80 年代时，摆榔乡学生辍学严重，一个 30 人的班级，读着读着就只剩下十几个人。为了留住孩子，当时一个叫作杨志荣的老教师想出了一个办法，这个办法挺起效，在全乡传扬开来，被很多老师效仿。杨老师想的办法就是发糖，只要来学校读书满一天，就发给孩子一颗水果糖。在那个物资匮乏的年代，就靠着这一颗颗糖果，拴住了孩子们上学的心，真是煞费苦心。张老师说，这样的效仿还是起作用的，至少孩子们不会无故不来上课了，而这只是暂时解决了问题。要保学，最根本的便是大众思想上的转变，这需要一个漫长的过程，张老师就是看着这个过程转变的见证人之一。现在摆榔乡的人们，只要家庭条件允许，都纷纷把孩子送到最好的学校去读书，那些曾经困扰着老师的保学率问题已成为历史。他回想起过去教书的岁月，觉得恍如隔世。

对于过往的岁月，一幕幕像倒带的电影在他脑海回放，也在我眼前展现。对于摆榔乡而言，20 世纪 90 年代，人们才开始建盖厕所。在这之前，祖祖辈辈解决大小便都是在野地里，俗称“拉野屎”。一片树叶，一块竹签，一块石头，就是“卫生纸”。那时的学校厕所也非常简陋，四周围上篱笆，就地挖一坑，将两个竹筒搭建在上面。遇到下雨天，经常从厕所里传出女生的尖叫和哭声，那是有人因湿滑，不慎掉入厕所。很多女生常常望厕生畏。为了解决这个问题，老师们找来石头砌成了蹲坑，才免除了这样的囧事发生。那时的厨房也只有一个屋顶，四处通风，灶台就是几个土墼搭建的，没有围墙、没有门的厨房常常发生怪事——孩

摆榔彝族布朗族乡中学的孩子们在学校操场上游戏

子们做饭时找不到锣锅了。因民风淳厚，这里从来没有发生过偷盗的事情，况且没有闲人进出学校，而锣锅去哪里了呢？后来有的农民在自己山地里发现了锣锅，才知道盗贼原来是野狗。孩子们去上课了，野狗就悄悄跑来厨房，将头探入锣锅，去吃剩饭，吃完后抬头就跑，锣锅的扶手就自然地挂在狗的脖子上。等跑到僻静的山地，野狗才想办法甩开锣锅，于是造成了一起起悬案，当地人将这样的故事称之为“野狗背锅”。就是在这样异常简陋的教学环境下，老师们依然坚守在这贫瘠之地上，播撒知识的种子。

老师们除了教书，还搞生产种植与栽培推广。学校附近的农田就是搞科技种植推广的阵地，每个星期都得搞一次培训。除了教书、培训，还得家访，那时孩子经常不来上课，老师总会跋涉很远的山路去家访，做工作。而现在，基本上不用家访，一段时间家长就会自觉地到学校来和老师交流一下孩子的学习情况。现在的老师，可以把自己所有的精力用于教书育人，而不用再为其他事情操心。从前，人们认为孩子来学校就是为了不当文盲，有个地方受管束；而现在，家长们都觉得上学是跳出农门的一条途径，就算是打工也得有知识，才能找得到一份相对好的工作。布朗族这么多年的落后面貌得靠着孩子们学文化来改变，家长的思想意识在发生着根本性的变化。张老师说他教书 30 多年，欣喜地看到摆榔乡的巨变，而这些硬件设施与物质丰盈的变化，都不如人们思想上的变化，只有思想改变了，布朗族才有美好的明天。

段自梅

段自梅老师是在木老元乡教书最长的女教师。1968 年，她出生在木老元乡哈寨村阿罗佰寨子的一户普通家庭。那个年代，读书的女孩子很少，多数小学毕业就回家务农，等着嫁人了。段自梅得以继续读书，是因为班主任老师的一次家访，他告诉段自梅的父母，这个女孩子学习不错，不让读初中可惜了。于是父母咬咬牙，让段自梅继续读书。就这样，段自梅初中毕业考入了施甸师范学校。1990 年毕业后，她被分回了木老元乡大地小学教书，成了当地为数不多的女性教育工作者，而她儿时的姐妹们都因辍学成了农村家庭妇女。她感叹说，要不是因为班主任的那次家访，她的命运也和其他人一样，是个面朝黄土，一辈子围着家庭、孩子转的农妇。最重要的是她实现了自己小时候的梦想，和自己的班主任一样站在讲台，给那些大山里的孩子们教授知识，成为改变别人命运的老师。靠着学习跳出农门的段自梅的确为大山里的那些女孩子树立了一个榜样，交流时，看着她坚毅的眼神，我感受到了那份来自内心深处的自信。

她说起在木老元乡教书的日子，话匣子就像泄闸的水一样，奔流起来。讲起自己读书的经历，她说得最多的词就是艰难。阿罗伯这个寨子是距离木老元乡比较远的一个小寨子，也就 50 户人家。段自梅读书时，要走路到木老元小学去。刚开始时寨子里还有四五个女孩子一起做伴，到五年级时，就只有两个了，其他人都回家务农了。寨子人也会风言风语地说，女孩子迟早要嫁人，何必读那么多的书，识字就行。这些话都让段自梅有种说不出的酸涩和无奈，她坚定地认为，读书是自己的事情，和别人无关。每个星期从家到学校要走 2 个多小时的山路，还要肩负着自己一周的柴米油盐。而自己的学费就靠着母亲兜售野菜来支付。她一想到在山地里辛苦劳作的母亲就忍不住想辍学，而看到教室里越来越少的同学，看到班主任对大家的关爱与期望，又咬住牙齿坚持下来。就这样，她读完了小学、读初中，初中毕业考入师范学

木老元乡领导到考上大学的孩子家里进行奖励

校时只剩她一个女学生了，曾经和她一起读书的女同学大都已为人妻、为人母。她继续在师范就读直到分配到老家，圆了自己的教师梦，教书育人，时至今日。

最先分到大地村委会教书时，那个破烂不堪的小学让她心寒。而孩子们读书时，没有书包是常事，不要说书包，就是衣服也是补丁成块的。当时工资只有 62 元的她，还经常为那些交不起学费、书费的孩子垫付。由于师资力量十分薄弱，教室紧缺，适龄入学的孩子数量参差不齐，几乎所有的山区学校都出现了复式教学现象，也就是一个老师在一间教室里同时教授两个年级的孩子。教室一分为二，两个年级的学生背对而坐，老师先给高年级学生讲课，讲完了，再到教室另一头给低年级讲。这是山区教学一种特殊的课堂形式。段老师曾一次带三个班级，在一间教室给三个班级的孩子上课，她常常因讲课说到嗓子沙哑。大地村小学当时有

3 位老师，而像大地村的阿林寨、阿腊寨，一所学校就只有 1 位老师。有时老师请假，有时孩子逃课，根本无法完成教学任务，更谈不上教学质量了。所以说，布朗山能走出一个知识分子是多么不容易，不光受各方面条件的限制，最重要的是生存环境太闭塞和贫瘠了。

10 多年过去了，家乡的教育还是没有多少改变，没有钱盖教学楼、改善教学硬件设施，没有人愿意来这些偏远的地方教书，孩子们的求学路依然艰辛。段老师说到这里眉头紧锁，她是山区教育一路走来的见证人，看着自己家乡这样的境况，她觉得自己当初回家时那种雄心勃勃、试图改变家乡面貌的信心和希冀是那么幼稚和渺小。她说，2015 年对于她而言，更准确的是对于木老元乡的所有乡亲来说，像生命中遇到了一个春天：国家脱贫攻坚政策的实施，云南中烟工业有限责任公司对口帮扶施甸布朗族，投入木老元乡 4660 万元，建成了一所九年一贯制民族寄宿学校并整合师资力量集中办学。不仅这样，还制定了高中、大学的助学保障措施，每年每人资助 6000 元到 17000 元不等。目前已资助困难学生 292 名，让每一个考上大学的孩子不因贫困而被搁置在大学校门之外。只要学生收到录取通知书，乡干部便带着鼓号队敲锣打鼓上门，到每一个考上大学的孩子家中为他们挂上“大学生光荣之家”的牌子，同时送上教育帮扶资金。春风化雨，教育为先，就是这些举措让布朗山的知识分子与日俱增。人口只有 5796 人的木老元乡，2014 年时大专及以上的在校生只有 12 人，而现在

迁入新校区时欢欣雀跃的孩子

已逾百人。辍学率从 1.2% 下降为零。这些数据鼓舞人心，也见证了布朗山儿女走出去的决心。

2018 年，段老师和孩子们搬迁到了新学校。这是她教书这么多年来第一次在这样优美的教学环境中给孩子上课。第一节课时，看着那一排排崭新的桌椅、明亮的窗户、整洁的教具，她忍不住想流泪。多年来的夙愿终究成真，而家乡也在帮扶中焕然一新：道路四通八达，新农村比比皆是，学校设备齐全，全乡集中办学，孩子上学方便，师资力量是前所未有的强。她指着幼儿园里那些孩子们的游乐玩具，兴奋地说："你看，这样齐全而美观的设施要不是国家帮扶，能在我们布朗山安家落户吗？现在的孩子幸福多了。不过，作为一个长期在山区教书的老师，我觉得时代在飞速发展的同时，我们布朗山的教育也随之遇到一些问题。如今的孩子衣食无忧，而父母多数外出打工，留守儿童较多。亲情的缺失也让孩子缺失安全感，所以现在的孩子比起从前要难教很多。他们信息来源广，头脑灵活，更自我、调皮、任性。在二十世纪七八十年代那会儿，没有单亲家庭这个词，离婚现象极少。而如今，班里的孩子父母离异的挺多，这样孩子的性格上会产生很多问题，例如敏感、自卑、淘气、不喜欢学习。所以，老师们常常觉得束手无策。从前教孩子，除了读书，就是干活，单纯得很。现在的老师，教孩子得懂心理学，得注重细节，得勤于家访。老师虽然物质条件好了，精神压力却比从前要大得多。老师们可以解决孩子的学习问题，却解决不了他们的家庭问题。我们班就有一个小女孩，父母在外地打工后就离婚了，她一天到晚几乎不说话，很让人担忧。"说到这些存在着的问题时，段老师的表情阴郁起来。作为一个为人母的老师，学生们的一举一动都像自己孩子一般牵扯着她的心，段老师的担忧，也是这个时代发展中衍生出的隐患。社会发展如此之快，如大潮一般迅猛激烈，冲击到每个生命个体时，人们总会在迷惘中找不到方向，散失自我。尤其是那些文化水平低、知识面窄的年轻人，有多少经受得住这股大潮的拍打呢？说到底，还是知识层次的问题。当你的知识储备与

孩子们在蛮筒鼓前唱
《我和我的祖国》

见识足够宽广时，你就可以辨析时态，客观地看待问题，让自己融入各种激荡变换的时态中。而山区家长还需要走很长的路才能与这个时代接轨。

我常常觉得，改革与发展本身就是一把双刃剑，剔除了落后与粗陋，势必会割痛故步自封这根神经。疼痛过去，繁华即来。时代的发展就是这样，抱残守缺就无法前行，我也相信，蜕变必然带来阵痛，而茧化为蝶，才能飞翔。世界是需要人来推动的，勇敢的人向前冲，与命运搏斗，当弄潮儿，而怯懦只能被淘汰与淹没。真希望布朗族在这样日新月异的社会发展中能直面自身问题，消除矛盾，迎刃而解。

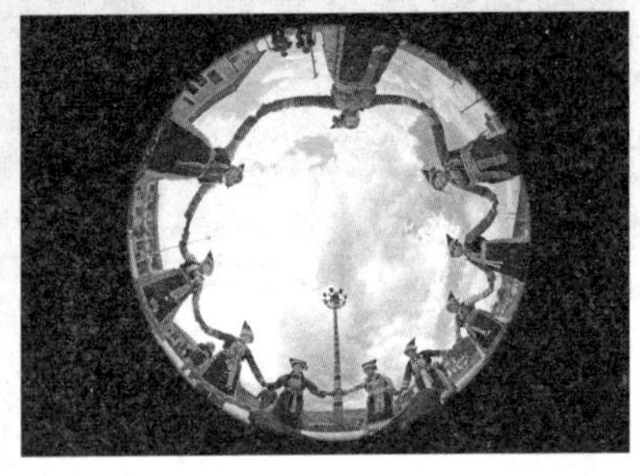

⬆全家人在新居里看电视

⬇人们在得埃乌广场上踏歌起舞

四、圆梦得埃乌

从县城开车到摆榔彝族布朗族乡的得埃乌新农村，我做了计时，38 分 50 秒。这个时间大概能看完一集电视剧。而在儿时，我回一趟老家得耗费半天的时间。我的亲人们都随着岁月的流逝，一个个离开了我，我的阿祖、阿公、阿奶、姑妈……他们都沉寂在了离新农村 3 千米之外的一个地方——楂子树，这是一个名字都透着酸涩的偏僻之地。就在这陡峭的坡地埋葬着我一辈又一辈的先人们。这里时常发生地质灾害，大雨滂沱时，泥石流与滑坡是常事。父亲说小时候只要逢连天雨，阿奶就睡不着觉，害怕山体坍塌，山洪的奔涌之声像入村进寨的老虎，让人胆战心惊。于是父亲也落下了一个病根，哪怕是拿着工资在县城里安居，过着衣食无忧、旱涝保收的日子，他也会在遇到大旱或暴雨的时候焦虑不安、忧心忡忡。老天的阴晴是主宰山里人生死命运的那双手，千百年来人们在这里祈祷、耕种、繁衍，炊烟升腾中，有安适也有忐忑。

随着脱贫政策的实施，国家项目的投入，2017 年，楂子树全寨子得以搬迁到距离 2 千米之外的新村得埃乌。选址坐落在山头的平整之处，视野开阔，山顶被层层推开，错落建盖了 124 间房屋，离村委会仅仅 1 千米的路程。在这里，人们不用再担心滑坡之灾。得埃乌是布朗语，埃乌是布朗族的自称——本人，“得”就是山的意思，“得埃乌”即为“本人的山”。这个名字直白而带着归属感，是老家所在的大中村党支部书记李新照起的。他在电话里和父亲说到新寨子的名字时，父亲连声称赞，说起得太好了，话毕，眼睛竟湿润起来。

我知道，对于父亲这一辈布朗族人而言，山地代表着超出生命之外的意义。他们从小便是在祖先们的口耳相传中得知脚下这片土地所历经的更迭与沧桑。原来这里的山地都是有主的，不属

从前的居住条件

于布朗族人。这些人被称为“山主”。新中国成立后，布朗族人才有了自己的山地，阿公就是从山主手上接过土地的第一代关乌。那时，老叔刚刚降世。

如今，老叔依然记得阿公告知他的，哪一片山是朱家的，哪一块田是杨家的。还说在老家附近的崖子头上看到过曾经的山主刻下的字：杨家水、朱家山。他们用这样明晰的标志来划分山地与水田的所属，带着不容置疑的强悍。

在搬迁新居时，“得埃乌”这三个字终于用碑刻的形式矗立在寨子中央，以宣告的方式成了一个永久的地名，在自己世代生活的地方做一个圆梦的了结。我相信，这将是亘古的传递。“得埃乌”——本人的山，这是祖辈们梦寐以求的夙愿，是布朗族朝思暮想的拥有。多少辈布朗族人耕耘在这里，生活在这里，埋葬在这里，这里的土地从未像今天一样让人心有所属。先祖的梦圆在这个崭新的寨子里，圆在这四通八达的水泥路上，圆在招展着蓬勃绿意的山间林地，圆在每一个后人的心中。

老叔一家搬迁到了得埃乌，一栋 2 层小楼，一共 8 间房，1 间厨房，2 间卫生间。如今的布朗族山寨，卫生间都是冲水式的，旱厕已退出历史舞台。家具都是新添置的，厨房里冰箱、电磁炉、电饭锅等一应俱全。堂屋里红木沙发上的垫子有一个红色的“福”字，这个字是那么显眼，与已有重孙的老叔的心境不谋而合。曲屏电视机里正在播放电视剧，叔妈坐在沙发上看得入神。老叔拿出手机，走到院子里和远在大理的父亲通话，告诉他我已回到老

得埃乌文化广场

家。听着他们的对话，看着寨子里一条条崭新的水泥路，我的思绪飞回了从前。

那个车辆稀少的年代，回到老家需要跋涉 30 多千米的山路，我那一路上的艰辛与苦涩都留在了儿时不灭的记忆里。回一趟家不容易，用脚板一步步地丈量，是那么漫长和艰辛。那时，父亲的思念常常需要一个不容易接通的手摇电话来解决。而如今，他和老叔随时通过手机、微信视频来聊天。老叔会从视频上给父亲看看老家的板栗地，那些 10 多年前父亲带回去的小苗已经长大并硕果累累，大地以直接的丰饶展示给父亲，老家一切安好。这时，父亲的嘴角就会泛起笑意。通信的便利、交通的便捷让父亲安适，今年已经 77 岁的父亲和 40 年前带我去给老叔打电话的父亲一样，依然对故土保有思念。而这份思念再也不是艰涩、遥远和虚无的，它变得温暖、实在，触手可及。

得埃乌新村

得埃乌新农村搬迁户有120户，分别是从附近的楂子树、一碗水、火石地等自然村搬迁过来的。这些地方缺水又陡峭，容易发生地质灾害。人们祖祖辈辈就依靠着贫瘠的土地，解决最基本的温饱。对于那段不堪回首的历史，老人们提起都摇头，晴天怕旱、雨天怕涝，就是放牛放羊也害怕有滚坡的事发生。陡峭的山地除了难保牛羊安全，也保不住水土，一场雨下来，雨水还没有浸入植物的根部就很快流失了。所以，人们常常是“种下一皮坡，收了一小箩”，贫瘠像虫子，始终啃噬这块土地之上人们的血汗。

老一辈人总会说过去的日子像嚼黄连，老叔就是其中一位，他总会和父亲说的一句话是：“如今过上这样的日子，闭眼也值了。”满足中带着无限的悲情。老叔是伴随着新中国成长的一代人，他出生时，阿公刚刚从山主的手中接过山地所属权。我们一家 28 口人从此有了自己的山林和土地，不用再靠着租赁过日子。1973 年，老叔到当时的大中村大队搞会计工作，一干就是 18 年。他把自己一生中最为宝贵的时光都奉献给了乡亲们。那时的大队干部确实不易，接到乡政府的通知，如何传达，近处，“通信基本靠吼”，要是远，得靠走。当时，大队干部只有两个人，于是分头跑去通知各个社长，然后由社长传达给社员。而这样一跑，就得花上一天的时间，遇到雨天，一天还跑不完。在大队的日子艰难而孤苦，老叔却甘之如饴，他觉得自己在祖辈生活的这片土地上能为乡亲们服务就是最幸福的事情。

那时候干工作异常艰难。1970 年开始修建里歪寨水库，近 10 年的时间才将水库修完。它保障了摆榔乡大中村的生活用水。修挖摆榔乡到大中村的公路，乡政府只给了几吨炸药，所有的工程都需要老百姓靠着双手一锄一锄地挖出来，这条路用了 5 年多的时间才修建好。建设大尖山茶厂、调解百姓们的纠纷、传达党的方针政策……当时国家穷，没有太多的财力投入基础设施建设，只有靠着人们的一腔热情与一双手去苦干。老叔说他带领着群众挖水库时是最艰难的，没有任何的机械设施，全靠着人工一寸寸地挖、一点点地抬，愚公移山般地靠着人力完成了水库的修建。看

←曾经四处漏风的卧室

➡现在整洁有序的新居

到如今国家扶贫攻坚对于布朗族的帮扶措施与对各种项目的投入，老叔感慨地说：“今非昔比啊，我们老本人的生活变化，就是人们常常说的一步登天。国家投入这样多的钱来帮扶我们布朗族，我们更应该努力、珍惜和感恩，那个时代那种艰苦都觉得过上了好日子了，现在就更是福气到家了。政府帮我们把路修好，村村寨寨四通八达，帮我们盖房子，家家都住平顶房，养老、助学、医保样样有保障，还有产业扶持，如果我们还不加紧苦干么，真是对不起党和国家了。”

在大队工作的 18 年里，他常常顾不上家，而那时的所谓工资就是工分加补贴，每个月大约 9 元。1982 年，父亲给大队买了第一台电视机，打电话给老叔，让他做好准备。父亲和接线的师

傅把电视送回大中村委会，老叔就用了一个月的工资来招待他们，买了一只鸡，摘了地里自己种的青菜。老叔说那天是全寨子人最激动的一天，早早地就有人跑到村委会来看电视是什么，尤其是那些一辈子没有走出过大山的老人，他们很想看看在一个机器里如何有人在活动、如何会出现那么多没有见过的东西。接上天线，一切安装好以后，屏幕上跳出了模糊的影子时引起了不小的骚动，人们瞪大的眼睛充满了惊诧。老叔说，当时只可以接收到四个频道，而对于大中村来说，已经是天大的喜事了。消息传开了，各个寨子的群众收工回家以后就潮水一般涌到村公所来，小小的院子里像办客事一样热闹，里三层、外三层都围满了人，男女老少每晚上挤满了村公所。有的人来看电视，农具还未放回家，脚上还裹满泥巴。这样的盛况持续了好久，直到电视逐渐进入每家每户。如今的大中村户户有电视，网络全覆盖，广播电视覆盖率已达 100%，那些为了看电视而打着火把走几山几洼的日子已成为历史。电视改变了人们的生活，让大山里那些足不出户的老人知道了外面的世界，也领略到了世界的精彩，让孩子有了想走出去的欲望。曾经的父辈通过骡马驮回的物品，勾动了人们一次次对于远方的向往。那些赶马人口中的远方始终是虚幻的，道听途说的，而电视却让人直观地感受到了外部世界动态的精彩。

说起那段历史，老叔很感慨："吃米不见糠，喝水不见井，烧火不见山。"这些是父辈用来形容那些不通过劳动而获取财富的地主阶级，带着轻视和鄙夷，现在却成了我们大部分人的生活状态。

出门是车，按一下手机就能买到东西，就能卖出去东西。赶集成了老辈人辛苦的记忆集结，人们也不再需要为挑水而半夜三更排队了。1998年楂子树从龙洞崖架入水管后，人们结束了排队挑水的日子，龙井就此沉寂下来，只有祭祀时才有人迹与香火。这些改变让老叔有种不真实的感觉。他说："每次给你阿公阿奶上坟，我都告诉他们寨子里的变化。他一定听不懂，什么手机、洗衣机、冰箱，还有互联网，他怎么知道这些东西？等我入土了，你们来祭拜的时候，也和我说说发生的新鲜事。那个时候么，我们国家会发展到什么程度都不知道了，我们布朗族会过上什么样的好日子也不敢想了。哪怕我和你阿公一样听不懂，也会在地下高兴地笑呢。"老叔的这番话凄然中不失幽默，却让人感觉到了一种对生活前景的振奋与向往。是呢，一代代的布朗族人所历经与走过的路，不就是为了奔向那条叫作幸福的路吗？在那些被打压、被追赶、被奴役的历史里，祖辈们低垂着头颅，把血汗洒在这满山的坡地上，艰辛的血泪史最终是在这样的时代中被结束的，而崭新的开篇又在脱贫攻坚的大潮中激荡地抒写起来。

我走在得埃乌的新寨子，一栋栋小楼错落有致，房屋边是人们栽种的蔬菜瓜果，公共地带种着实用型树种——八角树。寨子中间平整开阔，可以看到延绵的远方。在这里，老人有的做着针线活，有的在扎扫帚，安适自在。此刻，让我想到了在木老元采访时，一个叫阿林妹的老人拉着我的手说了这样一句话："要说我搬迁到新农村，有千好万好，而最大的幸福就是下大雨能睡一个安稳

↑脱贫之路

↓搬迁到得埃乌新村的大妈们

觉了。”她说自己曾住的地方位于陡峭的山坡，下雨时，屋檐后常常有泥土稀稀疏疏地滚落。有一次去山地里劳作后回来一看，家里的猪圈已经被滑坡的山体给淹埋了，辛辛苦苦养的几头猪和羊没了，陈年往事让她的眼睛泛起泪花。连起码的安居都谈不上，怎么能更好地生活呢？如今，这样的事情再也不会发生了。

得埃乌寨子中间是活动中心所在地，农网电商、农家书屋、卫生室、小卖部、打歌场在这里云集，便民服务无处不在，4G 网络已经全覆盖。我来到了卫生室，位于打歌场边，面积 120 平方

普及网络安全知识

米，按照诊断室、治疗室、公共卫生室、药房室分设。两个老妇人正在治疗室里输液，在这里工作了近20年的李医生正在接诊刚进门的小伙子，他砍树砍到了指头，鲜血外冒。一番消毒之后，进行包扎。李医生说，为防感染，还要打一针消炎针。一切结束后，我们便坐在卫生室外的座椅上攀谈起来。李医生叫李菊兰，20世纪70年代生，布朗族标志性的黑皮肤与双眼皮，嘴角上翘，像随时在微笑。她是大中村菠萝寨人，从小就在这山梁子跑到大。她也是这里的第一批乡村医生。如今，卫生室已经配备了4名持有职业资格证的村医。村民来打针，都享受着农村医疗保障，国家负担70%的费用，而建档立卡户国家则负担90%的医疗费用。“要

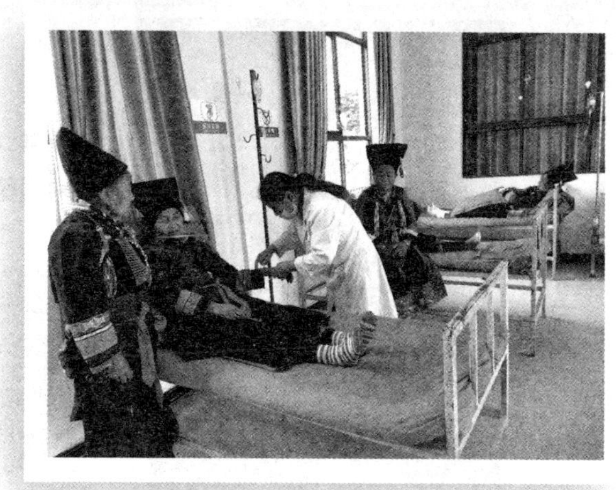

李菊兰医生在给乡亲们治病

是换作从前，刚才砍伤手的那个小伙子在家抓一把草药敷敷就完事了，不想跑十几千米到乡卫生院包扎。现在村卫生室就在附近，老百姓遇到砍伤一般都跑来这里包扎，方便又安全。”她边整理着纱布边说。谈到当初为何选择这个职业，她的脸色逐渐有些凝重。“你不知道啊，我们布朗族在深山居住，就医很不方便，看病难是山里人的隐痛。我们寨子就有一个老人，年轻时她爱人跌了一跤，感觉胸腔剧疼，大家把担架搭好，准备抬他去医院，走到半路就断气了。她 26 岁就成了寡妇，最小的孩子刚刚两个月。还有隔壁寨子的一个孕妇，因为生孩子难产，在家折腾了两天，一直没能生出来，等拉到医院时，孩子已经死亡。这样的事情太多了。那时路还没有通，没有乡村医生。小病就拖着，吃点草药，挨不住了才请人抬担架去医院。而这个时候往往延误了病情，小

⬅如今宽敞干净的厨房

➡曾经简陋的厨房

病拖成大病，甚至有些人都救不回来了，在去往医院的路上失去了生命。”从小目睹着乡亲们就医难的问题，看着上了年纪的老人被病痛折磨，看着有的人为了摘一把草药爬上悬崖铤而走险，看着没有及时救治而残疾甚至死亡的那些寨邻们，李菊兰萌生了一个想法，学医！如果自己学会了医术，就可以救治大家了。就是在这样稚气而纯善的想法催动下，她初中毕业后就报考了保山卫校。心愿终究得以实现，1998 年李菊兰毕业回家当上了乡村医生。她背着药箱走村串寨，为乡亲们服务。除了药箱，要随身带一包盒饭，爬山下坡，一天跋涉十几千米，肚子饿了就随便吃点冷饭。雨季一天走下来，真的是泥巴裹满裤腿，汗水湿透衣背。在这 20 多年的时间里，她接生了无数小生命，也医治了很多乡亲。只要谁又生病了，乡亲总会说：“快去找菊兰医生啊！”亲切如同家人，人们对于她的依赖使得她成了大家心中的救护神。

从前，人们对于生病这件事，第一时间想到的不是去医院，而是“问神”。“问神”是一种古老的占卜，拿着米、香油和纸钱到神婆家去“问神”化解。如果实在不好，就找草药来煮。草药也医治不好了，才想办法去医院，往往这个时候病已经拖得很重了。思想意识的落后加上医疗条件的滞后，严重影响着布朗族的身体健康。李医生说，自己毕业后曾背着药箱走村串寨地去为老百姓看病。很多老人因为害怕花钱，而且怕耽误劳动，不愿花费时间去县城看病，于是身体有任何不适都忍着，没有及时去医治。本来很轻微的病拖延成了慢性病，有些甚至无法正常劳动，以致生活都成问题。她每次除了看病，就是向群众宣传健康的重要性。然而，她一个人做这些事，往往是杯水车薪。这样的状况并没有因为她的努力而有所改变，人们依然秉持着自己的传统思想，遵循着老旧的生活方式。她看在眼里，急在心上，有种欲哭无泪的感觉。

现在不同了，随着交通条件的改善，人们与外界的频繁交流，卫生室建立后，建档立卡户与 65 岁以上的老年人每年都要进行一次免费的体检。除了体检，乡卫生院的医生还每两个月就来进行一次健康教育宣讲，发放宣传资料。“通过这些形式，你觉得现在人们的思想发生变化了吗？”我好奇地问她。李医生停顿了一下，认真地回答：“比起我刚参加工作的时候，可以说有了翻天覆地的

人们在得埃乌新村欢庆火把节

变化，以前是有病才想着医治，现在是还没发现生病就来咨询了，而且年纪大的老人越来越重视自己的身体健康，他们觉得自己遇到了好时代，好日子才刚刚开始，要多活几年，所以特别珍惜自己的健康。你看！”她指着坐在卫生室外面凳子上正在量血压的一个老年妇女说：“这个大妈因为头晕，来检查是血压高。我给她讲了血压高的很多危险性，会引发的很多病症。她很在意这个问题，于是每天都要跑来卫生室量一次血压，随时监测自己的身体状况，还按照我说的，饮食上注意低盐清淡。现在状况好多了。她说自己身体好了，也不拖累子女，还能干活挣钱。如今的生活条件这样好，怎么说也要保重好身体，多活几年，看一看这样的

⬅安居的老人

➡搬迁新家的老叔说，自己过上了祖辈们梦寐以求的好日子

好时代。”我看着眼前的大妈身着干净的布朗族服饰，满脸的沟壑盛满了岁月的沧桑，血压仪下粗黑的手掌，指甲缝间还残留着未洗净的泥垢，这是一个随时与土地打交道的勤俭的老人家。我想到了自己的阿奶，她也是这样的服饰，手指甲里也是这样永远洗不净的泥垢。她的一生没有上过一次医院，她的一生总是在与那些缠人的病痛做着不懈的抗争。此刻，阿奶拿着香火去求神问病的情景又浮现我眼前，恍如隔世。

卫生室外是开阔的打歌场。这块场地上，只要有人办客事，篝火便点燃了，人们依旧遵循着祖先的脚步，快乐地打歌。所不同的是从前尘灰滚滚，而现在，光洁崭新的石地板上倒影可见，人们踏跳的步伐越加铿锵。有两三个小贩正在叫卖着时鲜的蔬菜和水果，几个布朗族妇女前来购买，她们不用再跑到十几千米外的集市上进行交易，得埃乌的小卖部与每天轮流而来的商贩就足以满足她们所有的生活需求。

我看着这个整齐光鲜的新农村，看着脚下四通八达的水泥路，看着一应俱全的便民服务站，看着打歌场中央那块石碑之上的红色大字“得埃乌”，看着流云划过貌似亘古不变的蓝天，看着蓝天之下一天天峥嵘巨变的大地，我想到了颠沛流离来到这里的布朗族先祖，他们的脚印与骨血都留在了这里，而他们的子孙也会从这里出发，在这里完成先辈们无法实现的那个梦想。

五、借得一双翅膀

对于世代生活在大山的布朗族而言，脱贫攻坚犹如“好风凭借力”，就是凭着这样的助力，为他们打开了一扇窗、开辟了一条路，为布朗族的生存面貌和思想意识开启了另一种全新的认知和出口。深居简出的布朗族，祖祖辈辈靠着山地求生，历史原因与生存空间决定了他们的群体性格：保守，避让，容忍，忠实，纯善，懂得感恩，有担当……人们对于大山的依恋与沉溺也使得他们有着安于现状的性格特征。在历史的更迭中我们可以看到布朗族对命运的承接与抗争，对颠沛流离的隐忍，对生存环境的承接，

李新照在制茶

对天灾人祸的抗争，对保家卫国的抗争。在面对大是大非面前，他们的骨子里也有不屈的血性。就是这样一个懂得在天地间感知爱与生活的民族，在时代的发展中，也在不断抒写着新的篇章。脱贫攻坚各种政策的实施，忽如一夜春风来，让布朗山春笋一样地焕发出勃勃生机，涌现出了许多创业者、开拓者。这些敢于突破自我的人，成了这支古老民族的弄潮儿，也成了引领者。

见到李新照，他正在自家的院子里泡茶，将自己烤制的明前茶拿出来招待我。土茶罐透着质朴的光泽，一汪清透的绿意散发着缕缕清香。他的院落，也是他的制茶小工厂，摆放着制茶工具炒锅、揉茶机、簸箕和烤炉。每到清明前后，这个院子便飘荡着茶香。他很健谈，初中毕业后就去西藏当兵了，3 年兵营生活的锻炼让他有股硬气。有过些许知识与见识的他，在 2000 年进入了摆榔乡大中村担任村委会主任，之后任职村党支部书记。直到去年，因创业和家庭原因，无暇顾及工作，就辞职回家办起了自己的茶厂。他在村委会的这 20 年时间里，看着伴随自己大半生时光的土地发生着日新月异的变化，又欣慰又感慨。他把青春与全部热情投入了家乡的建设中，在寨子中开挖了第一条灌溉沟渠，安置了第一台太阳能热水器，组织群众开辟了汤家寨到楂子树的第一条公路，架通了第一批水管……这些在他记忆中的无数个第一次，像一支支画笔，为家乡的面貌进行了一次次的描摹和书写，如今绘就了一幅生机盎然的新貌。大中村已成了脱贫攻坚示范村，而李新照也开启了自己的另一种人生——开发布朗山茶叶。

五年前，他考察修建公路的路线时，看到了这些散落在大山角落里的古茶树，那些祖辈们种下的茶树依然年年吐着新绿。它们因为远离房舍，无人照管，落寞地被丢弃在山野，有些人家只采摘一点供自家饮用，大多数古茶树都没被利用。他觉得太可惜了。古茶树庞大的根系深入大地，有着比梯地茶树更丰富的氨基酸与微量元素，且没有施过农药与化肥，是天然环保而又有营养的茶叶。于是，李新照就有了制作古树茶的念头。统计了一下，大中村境内竟有古茶树 400 多棵。于是，他通过与农户购买养殖

扶贫项目的软籽石榴喜挂枝头

权的方式，购买了 130 多棵。2010 年李新照开始制茶，因其茶叶质地好、口感佳，深得品茗者的喜爱，凡来大中村办事的人都喜欢喝李新照制作的古树茶。他想到了增收拓产，2015 年开始对外销售。也就是这一年，国家对布朗族进行了帮扶，他的项目得到扶持。从最初制茶自己喝到如今的打造品牌，从烤制几十斤茶叶到现在的几吨，他的生产规模逐渐扩大、销售渠道不断打开，金色大中古茶已远销北京、上海、成都等地。金色大中，问及这个名字的由来时，他说古茶树是先祖们种下的，其品质如金子般珍贵，而布朗族世代居住的大中村如今也焕发出金子一般光彩夺目的模样，所以用这个名字来命名自己的茶叶，带着地域性、民族性，也带着时代性。从茶叶的名字看得出他对这方土地的热爱。

如今，茶叶产值使他每年能获得利润 7 万元。随着国家对布朗族扶贫项目的投入，2017 年李新照注册了新照家庭农场。他除了制茶以外还从事林下鸡猪养殖，并先后投入了 60 多万元的资金进行石榴树的种植，40 多亩的软籽石榴如今已挂果，那些红彤彤的果子挂满了他的希望。

多年来农场不断壮大拓展，带动周边茶农与建档立卡户发展种养殖。李新照还借助政府的扶持对大中村农户进行相关种养殖的培训，与茶农签订收购协议，采取协议式收购农户采摘的古树茶。这就保证了每年的鲜叶供给渠道畅通，也减少了农场收购原料的成本。他制作的古树茶通过了国家食品生产许可证认证。谈到销售，李新照说自己真的很感激这个信息化的时代。如果换作从前，他得人背马驮地运往集市去零散销售，而如今采取的是线上与线下两种模式的销售，线上模式很多，微信、快手、抖音、淘宝、微店各种平台任你选择，线下便是通过各种渠道的零售和批发。不仅茶叶是这样的销售模式，其他农产品也如此。如今的网络通畅，交通的便捷，让足不出户的山民在家里就可以运筹千里之外的市场。

从一个村干部到致富带头人，李新照说，感谢国家对他的培养。任村干部的这 20 年里，虽然顾不上照管家庭，但他也在这个岗位上得到了历练，见识了很多人和事。他曾多次外出参加培训和观摩，眼界与格局都有了改变和提升。如果一直在家里这三分地里折腾，不外出学习参观，也不会有今天这样的探索与改

变。所以说，人生就是一个得失交替的过程。布朗族需要走出去看看外面的世界，关注这个时代的发展进程，思考我们未来的出路，才能与时俱进。不然的话，国家再给你多少机会与扶持，如果畏缩不前、安于现状的话，也不能从根本上改变自身的命运。他的农场不但自己增收，也带动了当地一部分农民的就业。最可贵的是他多年来与群众打交道，有着牢固的群众基础，他一言一行都潜移默化地在当地起到了引领之效。我和李新照从那个没有电、路不通、人背马驮、刀耕火种的日子，聊到了现在，又聊到了未来。我们都流着相同的血脉，我们都知道未来得靠知识与见识来支撑。布朗族是中华民族大家庭的一员，只有我们每个民族强大了，祖国才能更加强大。我们的谈话在大山深处里的一个小小院落内，而我相信，这样的声音必将穿越群山，抵达每一个布朗族人的心里。

从 2004 年开始民族民间文化普查，我才对布朗族文化有了一次系统深入的调查。很惭愧自己不懂得母语，而作为民族文化的传播者，我必须义不容辞地去收集、挖掘与记录。在走访的过程中，感叹于祖先的智慧，也对日益凋敝的传承而忧心。我先后将布朗族服饰习俗、布朗族山歌申报为云南省非物质文化遗产项目。所幸，还有那么几个年轻人在为布朗族文化的传承做不懈的努力。李枝清就是其中的一个。20 世纪 80 年代出生在大中村菠萝寨的她，从小家境贫寒，曾随父亲外出乞讨为生，9 岁才有机会到学校读书，小学毕业后就因贫辍学了，而她对于求知的渴盼却从未停止过。

布朗族服饰传承人李枝清在教村民刺绣

在火塘边，阿奶凭手绣制鞋垫，那些花草虫鱼随意便从她的一针一线中跃然于白色底板的鞋垫上。李枝清被阿奶的刺绣迷倒了，不经过描摹，怎么能凭空绣出这样活灵活现的图案来？她觉得阿奶的手真的是太神奇了，于是开始向阿奶学习刺绣。女孩子总是对于美的东西痴迷。看到寨子里婚嫁的新娘身着一套传统的布朗族服饰，那艳丽的色彩还有精致的花纹深深吸引了她，于是默默地在心里想，如果自己也会缝制这样的衣服该有多好啊。谁承想那一套新娘装在李枝清心中埋下了一颗种子，许多年后，便发芽拔节、枝繁叶茂起来。

20 岁的她因生活所迫，开始外出闯荡。打工、开店、做美容，李枝清历经了市场的酸甜苦辣，也积累了丰富的社会经验。人到中年时，她回顾自己走过的路程，才发觉儿时那个瑰丽的梦一直萦绕在心中，无法挥去。看到白族服饰成了大理的旅游产品，她想到了布朗族服饰，那么美、那么独特，一定也会有人喜爱。布朗族作为濮人的后裔，最为直观的留存就是服饰了，而因为穿戴的烦琐加上时代的变迁，很多年轻人已不身着本民族服饰了。而那些传统手艺人正在老去。看着这样的状况，儿时看到的那套新娘装和阿奶刺绣的场景又浮现眼前。李枝清觉得自己应该做点什么。于是，2014 年，她注册成立了濮人文化传媒公司，着力打造布朗族文化创意实践基地。通过收集传统工艺品、组织民间文艺活动、雇佣群众发展刺绣手工艺等，她开启了童年的寻梦之旅。

制作布朗族服饰，凭着自己儿时和阿奶学到的那点技艺是远远不够的，她开始向寨子里会制作服饰的老人学习，大中村的老人都成了她学习的对象。就是一个简单的滚纽扣——用针线将布料细密地裹成对襟纽扣，这个过程就需要学习很久，她起初因笨拙而常常被针戳得鲜血直流。努力是最好的老师，通过四个月的学习，她掌握了这门技能。之后，她不光是学习服装的剪裁与缝制，还要学习服饰的穿戴与习俗。

李枝清就像海绵一样，汲取着丰厚的民俗文化。在学习本土传统文化的同时，她也不忘外出求学。2015 年，她参加了云南省艺术学院和云南省文化厅举办的“非物质文化遗产传承人研修班”。这次学习，让她系统地学习了从织布、染织到裁缝制衣的全部过程，也让她懂得了原来一套服装的制作，不仅要有技术含量，还有那么多文化元素包含其中。于是，好学的她回到了家乡，向先辈收集素材，向文化馆非遗人员请教。深入了解之后，她很感慨，没想到儿时心中那绚丽的服饰暗藏着诸多生活的智慧和祖先对于万物的信仰。通过她的不断实践和总结，她制作的布朗族服饰在传统的基础上进行了改良，穿戴精简了，色调配搭更丰富、面料更舒适，而唯一没有丢弃的是先辈们留存下的各种文化内涵与信仰寄托，深得当地老百姓喜爱。

接下来，李枝清在摆榔乡借助各种节庆活动举办了民族服装刺绣培训班、缝纫班，召集众多和她一样喜爱刺绣的妇女进行动态传承。如今，布朗族服饰制作不再是老人们才会的手艺，有越来越多的年轻人加入其中。2017 年，李枝清注册了“花濮公主”商标，她也想树立起自己的品牌来。作为濮人的后裔，这个商标具有归属感。她的服装除了在当地售卖以外也在网上通过直播售卖，还通过小红书等短视频介绍布朗族服饰习俗，并进行推广，拓展了销售渠道。2016 年，她所设计的施甸布朗族女装入选云南省文化厅、云南省文产办和云南艺术学院主办的云南民族传统服饰展演活动。如今的李枝清再也不是当年那个懵懂的、四处乱闯的小女孩，她成立了自己的公司，专门制作与布朗族有关的工艺品，并将服饰习俗在当地进行传承。随着脱贫攻坚项目的实施，摆榔乡打造了彝族布朗族小镇，李枝清便在小镇里买了一套房子，作为布朗族传统文化的培训与展示基地。展厅里有她收集来的各种传统工艺品，也有她这么多年来设计制作的布朗族服饰。在她的展示厅里，我看到了许多培训的证书与获得的奖状。“2016 年阿里巴巴乡村文化大使”“永昌技能名师”等，这些光环的背后，是她一针一线的勾连，匠人一样的良苦用心。有一张奖状很特别，李枝清的创业项目在 2018 年云南省“魔豆妈妈”创业扶贫大赛中获得第一名。这个奖是由中国红十字会淘宝公益基金和阿里巴巴公益颁发的。这种“互联网 + 扶贫 + 人道公益”的扶贫攻坚新模式是对人道资源动员工作的创新和发展，通过大赛为困难妈妈等最易受损的群体赋能。李枝清的布朗族服饰制作之所以能获此殊荣，除了作品优秀之外，关键是她对布朗族服饰习俗的传承与发扬。在不断投入而收效甚微的情况下，她依然对民族文化的传承进行着不懈努力，这样锲而不舍的精神让人感动。李枝清说因为受众面窄，而且施甸并不是旅游城市，所以布朗族服装的销售市场很小，盈利几乎为零。而她一直在做，不是为了赚钱，更多的是为了向大众展示我们布朗族独特的服饰习俗，也为了儿时心中那个不灭的梦。

当我从她的展室走出时，一场雨刚刚收住脚，远处青色的山峦上跃然架起了一道彩虹，绚丽夺目。在布朗族山寨，总会有人为了这方土地的文脉默默坚守，将布朗族文化保护下来、发扬开来，这举动多像山间的那道彩虹，在风雨过后，赐予人间美的希冀。

作为木老元乡哈寨村委会主任的阿福友，他还有一个身份是热昊山庄的老板。1973 年出生的他应该算是村干部里经历最为丰富的人：保山市民族干部学校毕业，种过烤烟，当过兵，进过联防队，承包过澡堂，卖过百货。几经周转，又回到家乡开办了农家乐，当选为村主任。读书、参军、创业从商、担任村干部，在这个过程中，他也积攒了丰厚的社会阅历与人生经验。人们说他够折腾，而这折腾的背后也包含了他个人贫困的生活记忆和不屈不挠的奋斗历程。家人的病痛与家庭的贫困是阿福友最早的人生感受，而穷则思变成为他一生的信条。他觉得只有奋力拼搏，才能改变命运。于是，他出去读书，不断打拼，铸就了他闯荡世界的基础。

哈寨这个有着 200 多户人家的布朗族寨子，长期以来，人们靠着种植与放牧来维系生活。后因时代的发展，逐渐改变了生产方式，多数人半年农耕放牧，半年外出打工。如今，随着国家精准扶贫政策的实施，哈寨成了美丽乡村的示范点，为哈寨人提供了良好的发展空间，越来越多的人走出去，通过自己的努力拼搏，改变着故土的面貌。阿福友就是率先探索者之一。常年外出打拼也让他积攒了一些积蓄。因老人需要赡养，在外闯荡的他决定回到故乡发展，开办了热昊山庄。热昊是“哈寨”这一词的布朗语，这个带着民族性与地域性的名字，富含着阿福友对家乡深切的眷恋与热爱。回家创业之时，正当国家实施“整族帮扶，整乡推进”的政策，家乡正处在精准扶贫的进程中。此时哈寨村委会因岗位

↑养殖业是布朗族的主要经济收入之一

↓游客与村民在热昊山庄打歌

空缺，工作人员配备不齐，严重影响了扶贫工作的开展。急家乡之所急，阿福友决心为哈寨发展尽一份力。2015 年 10 月他从村委会主任助理做起，之后参加了选举并担任村委会主任，随后是

在哈寨的墙体文化中，体现出布朗族奋勇拼搏的精神

村党支部书记，一步步带领群众改建家园、发展生产、发家致富。在与群众交谈中，他不止一次地说：“党和国家给我们这么多的扶贫资金，这么大的扶持，我们哈寨人应该抓住这样的机遇，更加勤奋创业，不要产生等靠要的思想，不然就对不起国家了。”因为是本地土生土长的致富典范，加上他丰富的阅历与走南闯北的胆识，性格实诚仗义，他成了哈寨人眼里信得过的村干部。

阿福友在村委会的工资待遇每个月仅仅是 1420 元，而付出的却是这个微薄数字的几倍。他说，来村委会不是享受而是干事，为了建设家乡，也为了多学一些东西。说到学习，他感慨自己文化知识有限，所以对于孩子们，他想尽一切办法送他们出去读书。他的两个孩子都在外地读书，他说，只要涉及教育，就算花再多

↑阿福友（左一）向中烟公司来宾介绍哈寨情况

↓哈寨文化活动室

的钱也值。每年，全家老小的花费需要 5 万多，这笔不小的开支迫使他一边干工作，一边苦生产。他发展林下养殖，种植白花酸木瓜，开办农家乐，一丝一毫都不敢懈怠。如今，热昊山庄也成了施甸东山旅游的一个驿站。山庄特色是布朗族传统饮食，如苞谷饭、凉拌野菜、土锅焖洋芋等，以最简单的方法烹饪最原生态的食材，让大家在享受美食的同时回味儿时的记忆。如果提前预约，还可以尝一尝林下养殖的土鸡，还有美味十足的烤全羊。吃喝结束，还可以在山庄里燃起篝火，和着葫芦笙与三弦的节拍打歌狂欢，临走可购买这里生产的生态鸡蛋、洋芋和野菜。阿福友想让更多的人来这里体验民族风情，了解布朗族文化，将哈寨的土特产推介出去。

说到建设文化活动广场时，他还挺有感触。从前哈寨人打歌都是在寨子那个坑洼满布的小场子，此外没有任何的活动场地。就连供奉着邓子龙将军赐予布朗族祖先的神刀祠堂，也因为“破四旧”被拆除了。后来，全寨子人凑钱在哈寨的山头建盖了一所神刀祠堂，人们才有了供奉的场所。如今，随着国家对人口较小民族的帮扶投入，哈寨在山脚新建了传统建筑“一步楼”，作为文化活动室，外面便是一个圆形的打歌场。人们每到节庆时，便聚拢在这里祭祀、打歌、欢庆。阿福友感慨地说：“如果没有国家投入项目，我们根本没有财力建设出这样美观而有历史意义的文化广场。神刀是我们布朗族的精神图腾，它是祖先们英勇、智慧、力量和团结的美好象征。我们每年祭祀，是为了让后人不忘本，传承这些精神。所以，在脱贫攻坚时期，我也时常用这样的精神激励我们的村干部和广大群众。当年，我们老祖先协助邓将军把敌人赶出去，现在，我们也要配合政府打赢脱贫攻坚这场没有硝烟的战争！”阿福友的语气里带着当兵人的硬气和底气。看着五星红旗飘扬下宽阔而美丽的哈寨广场，想着一辈辈奋斗不息的布朗族人，我热血澎湃。有一种财富不会因为时间的消逝而散失，只会日益增厚，那就是无价的精神财富。

如今的哈寨已不是阿福友当年走出去时的模样了。他说现在改变最大的还是人们的意识，从保守到开放、从安逸到奋进、从落后到思变，这一路走来，他欣喜地看到我们这个民族在不断成长。对于 20 世纪 70 年代出生的那一辈人，哈寨人的婚恋观还比较传统，大多数是本民族通婚，而如今，哈寨年轻人的配偶来自天南海北。大学生人数也逐年增加，外出务工成了哈寨的一种时尚。哈寨在脱贫攻坚的进程中，如凤凰涅槃重获新生。

身处在这样开放、包容而信息发达的时代中，很多人像李新照、李枝清、阿福友一样扎根在本土，通过不断的学习和感悟、寻求与变通，改变着自己与他人的生活。也有一部分人走出去，到外界更广阔的天地历练与拼搏，并通过自己的努力造福一方。李永梁就是这样一个胸怀大爱、敢于尝试、勇于担当的创业者。在布朗族山寨，只要提到他的名字，很多人都知道。1988 年出生的他显得比同龄人要成熟，这与他的经历有很大关系。李永梁出生在施甸摆榔乡大中村菠萝寨这个偏远的布朗族小寨子，从小就吃过苦也体惜大人的艰辛，知道山里人的不易，所以努力学习特别努力。为了掌握一门手艺早点就业，他没有继续读高中，而是进入了施甸的职业中学学计算机专业。在学校期间他成绩优秀，且在担任学生会主席时工作认真负责。2005 年，他有幸被学校选到福建交通职业技术学院汽车系进行进修。2007 年毕业之后，李永梁留在了福州，成了闽侯县青口镇东南汽车城的一名普通车间工人，每个月领着微薄的 700 元生活费。由于他吃苦耐劳，好学上进，也喜欢思考，一年后便升为带班副组长。在工作过程中，李永梁发现青口镇这个有着 40 多万外来务工人员的地方依然很缺劳力，有些企业招工是个大难题。他想到了家里那些只知道埋头在山地里苦干的老乡们，每个月收入也只有微乎其微的几百块钱，遇到年成不好没有进账甚至倒贴种子肥料钱，让他们出来长见识、学东西的同时也能增加收入不是更好吗？于是向老板自告奋勇为企业招工。

2009 年，他回到家乡动员父老乡亲们外出务工，很多人都抱有质疑与畏缩的情绪。李永梁答应，只要干得好，每个月 1800 元的收入是没有问题的。如果老板开不到这个价格，他来补差价。当我问他哪里来的自信时，他笑着说："车间里的活路我能做到，这些吃过苦的老乡们更能做得到，他们只是害怕走出来而已。"的确如此，在那时，大中村菠萝寨这个只有 60 户人家的布朗族小寨子还很闭塞，绝大多数人连昆明都没有到过，更别说外省了。招工的现实比想象中要复杂得多。看到李永梁的困难，他的爷爷站了出来，这个在当地有着较高威望的老人说了一番话后，大家都报名了。他说："永梁一直是一个诚实守信的好孩子，这次回来招工是为了大家有好的收入和出路，不是坑蒙拐骗。我们老李家在

李永梁在向职工进行培训

这山上过了几辈子了，没有做过伤天害理的事情。我们布朗族都是一家人，大家要是信任我，就和他出去闯闯看，如果觉得闯不出路子再回来，永梁包你们回家的路费！”

没有几天的时间，李永梁很快召集了一支 60 人的队伍。他觉得这些老乡都没有太多文化知识，这样散漫地出去，老板一定不会全部要，于是他请了教官在当地进行了 5 天的军训。从着装、仪表、站姿、行走到普通话，严格地按照军事化进行训练。当这批人以饱满的精神状态齐刷刷地站到老板跟前时，全部被招收录用了。而他们也通过自己踏实的付出在福州找到工作，站稳了脚跟，实现了“一人就业，全家脱贫”的目标。

张祖兴就是李永梁带出来的首批务工人员，以前在老家种地，一年到头最多能苦到 4000 元钱，还时常入不敷出。如今跟着李永梁来福州后每个月能赚到 6000 多元钱，回家建盖了小别墅，靠着一己之力，让全家脱贫致富。云南来的李军德说自己就是因为李永梁的介绍而找到工作的，随着影响力扩大，越来越多的人跟着他走出去，到外面谋生挣钱。

2014 年，李永梁成立了自己的公司——永梁众森劳务派遣公司，既为福州众多企业缓解了用工荒，又带领着云南的乡亲们走出大山共同致富。如今他已经帮助 2 万人实现就业，其中包括 700 多名乡亲。从接送、安顿、培训，到上岗、追踪、晋升，李永梁都在无微不至地关注着他们，为招来的工人解决后顾之忧。他一直秉持着“怀着诚信干事业，揣着感恩报社会”的创业理念，以宁可自己损失一块钱，也不坑他人一分钱的态度去办事。经常有客户公司因故未能按时将款项汇到，李永梁总是叮嘱工作人员先将工人工资垫付出去按时发放，不能拖欠。正是他这种立足诚信的经营赢得了好声誉，也把公司发展成为福州当地最有影响力的劳务公司。2017 年他成立了公司党支部，建立了福州汽车城流动党员服务中心，设立了“流动党员服务站”“红色家园”“人才驿站”等多个窗口，为流动党员提供党务、创业、法律咨询等服务。他每年为困难党员送物资，看望空巢老人，为无房居住者跑程序，自己出钱为他们建新房，帮助困难老人和在校大学生。他说回馈社会也是自己作为一名党员的责任，在任何时候都要牢记党不忘初心的宗旨，响应习近平总书记提出的“让群众有事干有钱挣有盼头”总要求，围绕企业自身生产经营开展党建活动，探索“红色劳务”新做法，把党建优势转化为企业发展和竞争优势。2019年，他被福州市评为“优秀共产党员”。这个称号实至名归，他的一言一行都在教化与感染身边的每一个人。从成立公司开始，他便资助家乡的特困老人和学生。在家乡大中村，凡是80岁以上的布朗族老人，每人每个月可以领到李永梁公司发放的50元钱的生活补贴；在读大学生，每人每月可以领到300元到700元不等的就学资助。至今，有72名老人和32名在校大学生得到了他的资助。除了这些，他还向偏远地方的小学捐献衣物、书籍、桌椅等。当我和他聊及此事，他很感慨：“我就是因为家里穷，书没有读够，出来创业才知道知识的重要。我们布朗族太需要知识分子了。我就是希望有更多的学生走出来，学有所成，建设家乡，做一个对社会有用的人。我们山里的老人吃了一辈子的苦，多数人连县城都没有到过，挺可怜的。我只是想尽一点晚辈的孝心，每个月50元钱也买不了什么，可是老人们会觉得有人关心着自己，这也是我给他们的一点小小的幸福吧。”他的这番话让我感动。老吾老以及人之老，幼吾幼以及人之幼，这就是布朗族世代相传的优良传统。这让我想到了阿公在崖边凿井，数十年如一日地挑水给路人，还有那口被称为“行善水”的井；想到了那个只要有人打到猎物，全寨子人都有口福的美好岁月；想到了只要哪家有困难，全寨子人都会伸出援手帮忙的事情；想到了为了让妇女、儿童出行方便，总有人带着刀去清路（砍去路上荆棘）的传统；想到了过去家族为了照管孤儿寡母，不愿分家，30 多个人仍吃一锅饭的大家庭。包容、怜惜、博爱，像血脉里的因子一样传承下来，如今在李永梁身上熠熠生辉。只有把自己活成一束光，才可以去照亮和引领更多的人，他做到了。

从当年大山走出来，每个月只领 700 元工资的小工人，到今天年营业额实现 1.5 亿元的公司老板，李永梁成了布朗山上的一个神话人物。而创造神话的手从来都是伤痕遍布的，他极少说到自己的艰辛，更多的是对于未来的畅想。在 2020 年的规划里，他这样写道："筹建职业学院，开设前沿实用通用专业，打造从学校到职场'最后一公里'加油站；生源地，劳务输出地精准扶贫；人才梯队建设，高技能人才服务平台建设。"除了这些，他的愿景是成立"永梁教育扶贫基金"，在未来资助 1 万名在校大学生。他说，希望有更多的人通过知识来改变命运，服务社会，这就是他努力做企业的初衷。说到我们这支民族的未来，李永梁信心满满："我们从前身处偏远山区，生存环境导致各方面都落后，如今，在新时代下，又赶上脱贫攻坚，国家给予这么多扶持，我们更应该迎头赶上。我之所以资助学生，就是想从根本上来改变我们这支民族的思想意识，从孩子抓起，扶贫的根本就是扶志和扶智。"是的，物质的贫困并不可怕，怕的是素质的贫困。我们需要物质扶

永梁劳务公司定期为清洁工发放物资

贫，更需要提升素质的扶贫。我们要的是造血式的扶贫，只有这样，才能达到真正的脱贫致富。和李永梁的交谈结束了，我陷入深深的沉思。任重道远，而未来可期，我坚信那些美好的愿景会在每个布朗族人的奋斗中一一实现。

我庆幸自己身上流淌着布朗族的血脉，也庆幸自己是脱贫之路的采访者与见证人。我欣喜地从这些年轻人身上看到了祖辈们披荆斩棘的影子。当我回顾自己一路走来的日子，那曾经的岁月与现在的场景切换交织，一幕幕艰辛酸涩的往昔、一座座拔地而起的新农村、一张张奋斗者的笑脸、一个个鲜活的故事，汇聚成了一股股浪潮，撞击着我的心灵。他们的喜悦、困惑、挣扎、阵痛、不舍、坚持、感恩……他们不同的命运在相同时代下的苦苦寻求与探索，他们或平淡或激越的人生，都是这块土地上生生不息的枯荣。

春风年年度山河，在这个特殊的春天里总有源源不断的绿意生发出来、延展开来，成为历史画册中最绚丽迷人的风景，成为跳跃在山河间最激昂动听的音符。